16	3	2	13
5	10	11	8
9	6	7	12
4	15	14	1

José Ramos Tinhorão

O SAMBA
AGORA VAI...
A farsa da música popular no exterior

2ª edição revista e ampliada

editora 34

EDITORA 34

Editora 34 Ltda.
Rua Hungria, 592 Jardim Europa CEP 01455-000
São Paulo - SP Brasil Tel/Fax (11) 3811-6777 www.editora34.com.br

Copyright © Editora 34 Ltda., 2015
O samba agora vai... © José Ramos Tinhorão, 2015

A FOTOCÓPIA DE QUALQUER FOLHA DESTE LIVRO É ILEGAL E CONFIGURA UMA
APROPRIAÇÃO INDEVIDA DOS DIREITOS INTELECTUAIS E PATRIMONIAIS DO AUTOR.

Capa, projeto gráfico e editoração eletrônica:
Bracher & Malta Produção Gráfica

Revisão:
Beatriz de Freitas Moreira

1ª Edição - 1969 (JCM Editores, Rio de Janeiro),
2ª Edição - 2015

CIP - Brasil. Catalogação-na-Fonte
(Sindicato Nacional dos Editores de Livros, RJ, Brasil)

Tinhorão, José Ramos, 1928
T492s   O samba agora vai... a farsa da música
popular no exterior / José Ramos Tinhorão. —
São Paulo: Editora 34, 2015 (2ª Edição).
216 p.

ISBN 978-85-7326-598-9

1. Música popular - História e crítica.
2. Indústria cultural. 3. História da música
brasileira - Séculos XVIII-XXI. I. Título.

CDD - 780.9

O SAMBA AGORA VAI...
A farsa da música popular no exterior

Nota à 2ª edição.. 7

Introdução 11

1. Os primórdios, com o lundu e a modinha
   de Domingos Caldas Barbosa............................... 15
2. A importação de músicas no século XIX
   e as primeiras excursões à Europa........................ 23
3. Os Oito Batutas
   e a orquestra de Romeu Silva................................ 33
4. O papel de Carmen Miranda
   na Política da Boa Vizinhança
   e a conquista ideológica
   da América Latina pelos EUA............................... 51
5. O Escritório de Assuntos Interamericanos
   de Nelson Rockefeller e sua influência
   sobre os filmes de Hollywood................................ 77
6. Do "marroeiro" de Cândido Botelho
   às gravações de Stokowski no cais do Rio............ 97
7. Xavier Cugat e a matéria-prima
   centro e sul-americana —
   Os Anjos do Inferno no México............................. 107
8. Vadico e Joel — O balé Brasiliana —
   As tentativas de Assis Chateaubriand
   na Europa 115
9. De Aurora Miranda, Ary Barroso e outros
   a Ron Coby.. 123
10. A bossa nova e a ilusão da universalidade —
    As exibições comerciais de Mr. Sidney Frey
    e as oficiais do Sr. Roberto Campos...................... 129

11. A absorção dos artistas brasileiros
    pelo mercado da música popular internacional
    e a sua comercialização 143
12. Caymmi — Os 40 anos de bons serviços
    de Aloysio de Oliveira
    prestados à música dos EUA 151
13. Enfim, o som universal
    e o papel de Sérgio Mendes nele 163
14. O mecanismo comercial do MIDEM —
    Tom Jobim, da bossa nova
    a extra de filme com Sinatra —
    Sérgio Mendes: o som e o comércio........................... 173
15. A busca pessoal de "vencer no exterior"
    nas décadas de 1960 e 1970 187
16. A morte dos gêneros nacionais-regionais
    na era digital e a assimilação
    dos sons dos negros pelo mercado............................. 195

Referências bibliográficas... 201

NOTA À 2ª EDIÇÃO

A presente reedição do livro agora dado a ler — devidamente aumentado e atualizado — constitui a confirmação definitiva, quatro décadas após seu lançamento, do que a ironia implícita no seu título já propunha: a possibilidade de exportação de música popular de um país não reside na maior ou menor qualidade que possua enquanto objeto artístico, mas na capacidade de sua colocação no mercado enquanto produto comercial.

De fato, a realidade da evolução tecnológica que sucedeu ao enunciado pioneiro desse pressuposto avançado ao tempo do lançamento deste *O samba agora vai... a farsa da música popular no exterior* — e que foi a passagem do sistema analógico na produção de sons para o sistema digital, capaz de incorporar novos sons computadorizados — veio dispensar em termos de criação da música a necessidade da relação direta entre artistas-autores e ouvintes. O que desde logo, ante tal realidade, permite pensar para o futuro na produção de um tipo de música de massa alheia ao determinismo histórico dessa relação.

É de certa maneira isto o que a leitura da presente reedição deste *O samba agora vai...* parece indicar, ao acrescentar a seu intento original — que era apenas o de demonstrar com a ajuda da História como se processa o fenômeno de difusão da música popular — o ridículo que constitui a quimera dos artistas de um país subdesenvolvido de "vencer no exterior".

José Ramos Tinhorão

O SAMBA AGORA VAI...

O samba agora vai
Vai direitinho, sim senhor
O samba agora vai
Vai ter cartaz, vai ter valor
O samba agora vai
Vai conseguir situação
O samba agora vai
Já tem passagem de avião
O samba agora vai
Se despedir do barracão.

Antigamente o samba era um coitado
Que vivia de lado de cuíca na mão
Era um mulato muito carapinha
De chapéu de aba curtinha
Que escorava lampião
Mas hoje em dia já tomou juízo
Já anda até de cabelinho liso
E já não fala mais em pão com banana
Só se passa pra Miami de Copacabana
Oi só se passa pra Miami de Copacabana

Mexe com ele que tu vais até em cana...

(Samba de Pedro Caetano, Odeon 12695A, 1946)

INTRODUÇÃO

O conhecimento da música popular brasileira no exterior, desde a criação da modinha e do lundu, no século XVIII, constituiu sempre um fato episódico e obedeceu a circunstâncias que se prendiam mais à curiosidade ou ao interesse eventual de determinados países, em dado momento histórico, do que à decisão deliberada de exportar cultura.

A capacidade de divulgar um produto cultural, aliás, está intimamente ligada à capacidade de impor quaisquer outros produtos, ou seja, a de dominar economicamente um mercado a ponto de poder fornecer aos consumidores o artigo exigido para a satisfação de cada necessidade.

Enquanto o mercado internacional esteve mais ou menos aberto a todos os países, ainda era possível colocar na Europa, juntamente com o açúcar dos engenhos do Nordeste, a doçura das modinhas e dos lundus. Quando, porém, a competição econômica passou ao nível industrial, em regime de luta entre grandes produtores, também as necessidades do mercado vieram a ser fabricadas e dirigidas, o que facultava aos países mais desenvolvidos o privilégio de se darem ao luxo de usar a música dos mais fracos como matéria-prima, passando a impor ao mundo gêneros musicais fabricados para o comércio em seus estúdios e fábricas de discos.

Para o Brasil, cuja diversidade regional e exploração econômica em diferentes ciclos resultou, após quatro séculos, em um folclore riquíssimo e variado, essa realidade significou a produção de música urbana apenas para consumo interno, ou para pequenas incursões no mercado externo, como aconteceu por força de acordos de reciprocidade com os Estados Unidos, durante a Segunda Guerra Mundial (pavilhão brasileiro na Feira Mundial de Nova York de 1940, a contratação de Carmen Miranda, o desenho de Walt Disney *Alô amigos*, etc.) ou, ainda, por exigência direta do mercado de discos norte-americano, a partir da apresentação da bossa nova, no Carnegie Hall, em 1962.

Na verdade, como se poderá verificar pelos fatos historiados neste livro, com profusão de documentos, a incapacidade de perceber as relações entre imposições do poder econômico e possibilidade de exportação de cultura tem levado autoridades, artistas e até parte ponderável do público a acreditar, periodicamente, na perspectiva da conquista do mercado internacional para a música popular brasileira.

Como também se verá, o mais grave é que, para tentar essa quimera da imposição de um produto cultural popular, os artistas começam por abdicar de peculiaridades brasileiras, na febre de atingir o chamado "nível internacional".

Presos a essa contradição fundamental, que consiste em amoldarem-se a padrões estrangeiros para ganhar universalidade, quando os estilos internacionais pressupõem a média cultural dos países mais capazes de impor suas matrizes, o que os artistas de estruturas econômicas fracas conseguem, na melhor das hipóteses, é obter um produto que representa não mais a sua cultura original, mas a dos centros cujos estilos foram levados a assimilar.

Eis por que, a partir da conquista definitiva dos mercados do chamado mundo ocidental e do Japão pelo capital norte-americano após a Segunda Guerra Mundial, todos os países foram progressivamente levados a sufocar a expressão de sua cultura, no campo da música popular, para dar lugar a ritmos, melodias e harmonizações cujas raízes não estão mais na música tradicional de seus povos, mas na música norte-americana.

Assim, tanto a velha canção francesa, quanto a canção napolitana, ligadas de modo tão profundo à evolução cultural das camadas urbanas da França e da Itália, formadas respectivamente pelo impacto da música elitista dos salões de Paris e pela grandiloquência da ópera burguesa, tiveram de amoldar-se ao novo estilo da música comercial da era dos filmes de Hollywood e dos *shows* da Broadway, enquanto as novas gerações que sobreviveram à desagregação econômica do Império Britânico faziam surgir, com os Beatles, na Inglaterra, um novo tipo de música que pagava *royalties* evidentes, na parte do ritmo, ao *twist* criado para os jovens americanos da década de 1950.

No caso especial do Brasil, a realidade desse mecanismo de dominação cultural gerou uma intervenção contínua no processo evolutivo da música urbana, tornando-se mais forte à medida que a classe média foi se apropriando dos gêneros criados pelas camadas populares das cidades, que se nutrira de material folclórico estruturado após quatro séculos de vida rural.

Assim, num determinado momento, a partir da década de 1940, o que se verificou é que não existia uma música popular brasileira, mas vários gêneros de música produzidos nas cidades para atender ao gosto das diferentes camadas surgidas com a diversificação econômico-social decorrente da crescente industrialização: emboladas, modas de viola, cocos e baiões dirigidos às camadas rurais atingidas pelo rádio; marchas, frevos, batucadas e sambas batidos destinados a atender à necessidade de ritmo do carnaval das cidades e, finalmente, valsas, choros, canções e sambas-canções para serem cantados ou prestarem-se a música de dança para a classe média em geral.

Ora, como a camada capaz de importar ou de exportar música é sempre a classe média urbana — pois as populações rurais e o povo miúdo das cidades têm formas próprias de expressão ou adotam as estilizações em que mais se reconhecem —, foi sempre a música urbana produzida no nível das camadas alfabetizadas (e, mais modernamente, de formação universitária) que se procurou fazer representar no exterior como a "verdadeira música popular brasileira".

Dessa forma, como historicamente é esse tipo de música popular que mais adota padrões universais, por força da massificação que atende aos interesses dos trustes internacionais do disco, o que se pretende exportar é um produto cada vez menos brasileiro.

Reduzida, assim, a possibilidade de aceitação da música popular brasileira no exterior a uma sofisticação que se lhe impõe, a aceitação desse desafio veio revelar uma série de contradições: como o Brasil é um país subdesenvolvido e, portanto, tem que renunciar à tentativa de impor ao mercado internacional uma música "difícil de ser entendida, por ser muito regional", é preciso ceder sempre e sempre mais, desde a escolha do instrumental até o caráter do ritmo, para culminar na abdicação do uso da própria língua nacional, como fizeram os Oito Batutas na década de 1920 cantando em francês, em Paris; como fez Carmen Miranda nas décadas de 1930 e 1940 cantando em inglês, em Nova York e em Hollywood; e como fez na década de 1960 o compositor Chico Buarque de Holanda, cantando em italiano na televisão de Roma.

É, pois, a história particularizada dessa sucessão de equívocos que daremos a conhecer neste livro, onde tantos compositores e instrumentistas brasileiros aparecem como simples fornecedores de matéria-prima sonora e de mão de obra musical especializada à grande indústria internacional do disco, do cinema e do *show business*, certos de que desempenham um importante e patriótico papel de divulgadores de um refinado produto da cultura popular brasileira.

1.
OS PRIMÓRDIOS, COM O LUNDU E A MODINHA DE DOMINGOS CALDAS BARBOSA

> O mulato Domingos Caldas Barbosa, o lundu e a modinha em Portugal no século XVIII — As sátiras do poeta Bocage, símbolo da posição de superioridade europeia sobre o artista do país colonial — A subalternidade consentida de Caldas Barbosa, o Lereno, característica permanente dos artistas dos países subdesenvolvidos — O aproveitamento comercial das modinhas e dos lundus de Caldas Barbosa por editores franceses — A atriz Joaquina da Conceição Lapa, a Lapinha, no Teatro de São Carlos de Lisboa no fim do século XVIII.

O primeiro brasileiro a divulgar um gênero de música urbana nacional em país estrangeiro foi o mulato carioca Domingos Caldas Barbosa. Nascido por volta de 1740, filho de pai branco com uma preta de Angola chegada ao Rio de Janeiro já grávida, Domingos Caldas Barbosa foi reconhecido pelo pai, que o criou como filho legítimo e o fez educar no Colégio dos Jesuítas. Iniciado nas letras — o que não era coisa comum na época, e ainda menos considerando a sua condição de filho natural e mulato — Domingos Caldas Barbosa começou a manifestar, sob a forma de epigramas e poesias satíricas, o desajustamento do mestiço que era com a elite branca da época. Por volta de 1760, estando em idade militar, queixas de pessoas importantes, atingidas pela mordacidade do poeta, levaram o capitão-general Gomes Freire de Andrade, Conde de Bobadela, a recrutar Domingos Caldas Barbosa e mandá-lo para a Colônia do Sacramento, no extremo sul do Brasil. De volta ao Rio em 1762, após a tomada da Colônia de Sacramento pelos espanhóis, o mulato Caldas Barbosa deve ter-se atirado à boêmia do tempo, que, pelo acanhado da sociedade colonial, só podia ser a vida entre pândegos e tocadores de viola, suficientemente divorciados da estrutura dominante para não temerem o contato com negros escravos e gente da ralé. Assim, quando a partir de 1775 Domingos Caldas Barbosa aparece em Portugal — primeiro no Porto, depois em Lisboa — já é como protegido e comensal dos irmãos José e Luís de Vasconcelos e Sousa que se apresenta, tocando viola de arame para divertir os fidalgos convidados do Conde de Pombeiro (depois Marquês de Belas) e do Conde de Figueiró (depois Marquês de Castelo Melhor).

"O poeta disputado", escreveu Francisco de Assis Barbosa no prefácio à coleção de cantigas de Domingos Caldas Barbosa, enfeixada sob o título de *Viola de Lereno*, "comparecia em toda a parte. Nos salões das casas fidalgas em Lisboa e Sintra, em Belas, em Benfica ou Bemposta. Até mesmo nas quintas reais de Belém, Caxias e Queluz. [...] As modinhas, que o mulato brasileiro cantava ao violão [sic], marcavam a nota *chic*."[1]

Como se vê, Domingos Caldas Barbosa, "frequentando os palácios dos fidalgos, com sua viola debaixo do braço", no dizer de Mozart de Araújo,[2] funcionava nos solares como um fornecedor das modernas novidades tropicais da modinha e do lundu, mas sempre na posição algo subalterna do menestrel que se convida para garantir a diversão.

Nessas reuniões da nobreza de Portugal o "cantarino Caldas", como o chamava o poeta Filinto Elísio com desprezo, devia aguardar que os fidalgos se cansassem das modas ao som do cravo, por cantores de escola, e dos modilhos entoados a solo,

---

[1] Francisco de Assis Barbosa comete uma impropriedade ao escrever que Domingos Caldas Barbosa tocava violão. Este termo só começou a circular em meados do século XIX, para designar o instrumento que os franceses e espanhóis chamam guitarra.

[2] Mozart de Araújo, *A modinha e o lundu no século XVIII: uma pesquisa histórica e bibliográfica*, São Paulo, Ricordi Brasileira, 1963. A referência citada está na página 29, onde Mozart de Araújo ainda esclarece que "para merecer a graça de se fazer ouvir pela nobreza e penetrar com sua viola no palácio de Belém ou de Queluz, Caldas Barbosa — tal como faria depois o nosso padre mestre José Maurício — teve que usar da batina".

para entrar então com a sua "vulgar modinha",[3] muitas vezes documentadamente brasileira até pelo tema, como na "Doçura de amor", em que fazia alusão direta à qualidade do açúcar produzido no Brasil e consumido em Portugal:

"Cuidei que o gosto de Amor
Sempre o mesmo gosto fosse,
Mas um Amor Brasileiro
Eu não sei porque é mais doce...

Gentes, como isto
Cá é temperado,
Que sempre o favor
Me sabe a salgado:
Nós lá no Brasil
A nossa ternura
A açúcar nos sabe,
Tem muita doçura,
Oh! se tem! tem.

Tem um mel mui saboroso
É bem bom, é bem gostoso."[4]

---

[3] O poeta português Nicolau Tolentino de Almeida, citado por Mozart de Araújo no seu livro *A modinha e o lundu no século XVIII*, aplicava aí a palavra "vulgar" para indicar a procedência popular da modinha: *vulgus*, em latim, é povo. A escolha do adjetivo — embora historicamente verdadeiro — não deixava de indicar a posição de superioridade com que o poeta erudito recebia a nova manifestação da cultura popular.

[4] Esses versos, que pelo ritmo do estribilho parecem indicar um lundu, ainda se alongam por mais cinco quartetos, todos entremeados pelo refrão "Gentes", etc., e estão publicados no volume 2 da *Viola de Lereno*, número XV da coleção Biblioteca Popular Brasileira, Instituto Nacional do Livro, Rio de Janeiro, 1944, pp. 32-4.

Para a posição subalterna com que estreavam na Europa a música popular brasileira e o seu cantor-compositor Domingos Caldas Barbosa, contribuíam igualmente o fato de a música vir de uma colônia e a sua apresentação partir de um mulato. Está claro que isso não lhe prejudicava o sucesso — como também não barrava o açúcar colonial por ser mascavo (se ele era pardo, não deixava de ser doce) —, mas servia para mostrar, logo de saída, como o seu agrado nascia não de uma conquista brasileira, mas da capacidade fortuita de atender a uma necessidade de amolecimento e languidez surgida nos meios aristocráticos portugueses, por força da quebra de rigidez de costumes, resultante do enriquecimento da nobreza beneficiada pelo imperialismo comercial.

Era isso exatamente que — sem o imaginar — o poeta Bocage queria dizer, quando, num soneto epigramático, convidava as musas (no caso as senhoras da aristocracia) a não se espantarem com o "vil bugio" (o humilde mulato Caldas Barbosa), porque, se ele guardava ranços de bicho da colônia, não era "bravio", mas antes muito capaz de divertir todos com gracinhas e com trovas.

"Por casa Febo entrou co'um vil bugio;
As musas o animal não conheciam
E fugindo assustadas do que viam
Foi de ventas à terra a pobre Clio;

'Não fujam! Venham cá... Não é bravio...'
Gritava o deus; as manas que tremiam
Todas por uma voz lhe respondiam:
'Ai! Que bicho tão feio... Ai! não me fio...'

'Qual feio (acode Apolo) é mui galante;
E na figura e gestos dá mil provas
De ser em parte aos homens semelhante.

Caldas o nomeei; com graças novas
Faz estalar de riso a cada instante
e em prêmio lhe concedo o dom das trovas'."[5]

    Domingos Caldas Barbosa, que até o talento, se lhe era reconhecido, ainda assim precisava ser explicado como uma especial deferência de um deus do Olimpo dos brancos aristocratas, reconhecia com fatalismo essa posição de inferioridade, e até a aproveitava para o lundu em que cantava:

"Eu tenho uma Nhanhazinha
A quem tiro o meu chapéu;
É tão bela tão galante,
Parece coisa do céu.

Ai Céu!
Ela é minha iaiá,
O seu moleque sou eu.

---

    [5] Além deste soneto, encontrado normalmente nas edições das poesias de Manuel Maria de Barbosa du Bocage, o poeta ainda mimoseou Domingos Caldas Barbosa com outra sátira mais desabrida, por ocasião de sua guerra aos árcades, e que está reproduzida na coletânea *Poesias eróticas, burlescas e satíricas*, publicadas em Paris, em 1911. É o soneto que damos a seguir, para mostrar como o poeta da metrópole se colocava numa posição superior de branco europeu, para castigar a origem mestiça e colonial do poeta e cantor brasileiro, e ainda apontá-lo como um intruso:
    "Nojenta prole da rainha Ginga,/ Sabujo, ladrador, cara de nico,/ Loquaz saguim, burlesco Teodorico,/ Osga torrada, estúpido resinga;//
    E não te acuso de poeta pinga;/ Tens lido o mestre Inácio, e o bom Supico;/ De ocas ideias tens o casco rico/ Mas teus versos tresandam a catinga://
    Se a tua musa nos outeiros campa,/ Se ao Miranda fizeste ode demente,/ E o mais, que ao mundo estólido se incampa://
    É porque, sendo, oh! Caldas, tão somente/ Um cafre, um gozo, um néscio, um parvo, um trampa,/ Queres meter nariz em cu de gente."

[...]
Eu tenho uma Nhanhazinha
Muito guapa muito rica;
O ser fermosa me agrada,
O ser ingrata me pica.

Ai, etc."[6]

O resultado da divulgação das modinhas e lundus estilizados por Domingos Caldas Barbosa à viola, a partir da aculturação brasileira das modas portuguesas e do ritmo dos batuques africanos, foi o imediato aproveitamento pelos europeus dessa criação popular urbana da colônia como mais uma matéria-prima: em 1792, quando saem em Lisboa os primeiros lundus impressos, os editores são os franceses Francisco Domingos Milcent e Pedro Anselmo Marchai, e as harmonizações "clássicas" aparecem assinadas por "músicos eruditos, muitos dos quais estrangeiros, italianos ou franceses".[7]

Embora o historiador português Teófilo Braga tenha usado o plural, ao escrever que "na sociedade aristocrática [de Portugal] os mulatos brasileiros eram apreciados pelo gosto com que cantavam as modinhas pátrias",[8] parece que o grande divulgador de canções populares de origem brasileira na Europa, até o fim do século XVIII, foi mesmo apenas Domingos Caldas Barbosa, logo

---

[6] "Lundum", em *Viola de Lereno*, cit., vol. 2, pp. 27-9. Em outro lundu igualmente intitulado "Lundum", de acordo com a grafia da época, Domingos Caldas Barbosa ainda se oferece poeticamente como serviçal da colônia à sua musa ao cantar em um quarteto arriado de dengo: "Se não tens mais quem te sirva/ O teu moleque sou eu,/ Chegadinho do Brasil/ Aqui está que todo é teu" (pp. 43-4 do vol. 2).

[7] Informação de Mozart de Araújo à página 23 do seu citado *A modinha e o lundu no século XVIII*.

[8] Teófilo Braga, *Filinto Elísio e os dissidentes da Arcádia*, Porto, Livraria Chardron, 1901, p. 614.

conhecido também na Nova Arcádia de Lisboa pelo cognome acadêmico de Lereno Selinuntino. Além dele, a história só lembra o nome da atriz Joaquina da Conceição Lapa, a Lapinha, de quem Lafaiete Silva informa que tinha voz de contralto[9] e J. Galante de Sousa observa que "devia ser cantora de muito mérito, porque, apesar da proibição de que as mulheres tomassem parte em representações nos palcos de Lisboa, obteve permissão para cantar no Teatro de São Carlos a 24 de janeiro de 1795".[10]

Quanto ao agrado que possam ter conseguido esses primeiros divulgadores da música popular brasileira, basta lembrar que, quanto ao mulato Caldas Barbosa, o crítico e historiador Sílvio Romero ia encontrar cem anos mais tarde várias de suas modinhas e lundus folclorizadas no Nordeste brasileiro,[11] recordando-se, quanto à Lapinha, terem suas canções impressionado tanto o poeta João Evangelista de Morais Sarmento, em Coimbra, que sua volta ao Brasil ia ficar marcada por estes versos cheios de paixão:

"Lá vai dizendo adeus, Lapinha parte,
A meus olhos se esquiva
E não vem, coração, despedaçar-te
Do voraz monstro a foice decisiva?"

---

[9] Lafaiete Silva, *História do teatro brasileiro*, Rio de Janeiro, Serviço Gráfico do Ministério da Educação e Saúde, 1938, p. 22. Lafaiete Silva, por seu turno, baseia-se em indicação de Velho da Silva no seu livro *Crônica dos tempos coloniais*.

[10] J. Galante de Sousa, *O teatro no Brasil*, Rio de Janeiro, Instituto Nacional do Livro, 1960, tomo II, p. 292. O autor, que consultou e remete também para *A carteira do artista*, de Sousa Bastos, e *O teatro no Brasil*, de Múcio Paixão, lembra que "alguns historiadores escrevem o nome da atriz de maneira diferente: Joaquina Maria da Conceição".

[11] Sílvio Romero, *História da literatura brasileira*, Rio de Janeiro, Garnier, 2ª ed., 1902, tomo II, pp. 260 ss.

Com o século XIX, a luta entre a França e a Inglaterra pela hegemonia político-econômica na Europa, forçando a nobreza de Portugal a transferir-se com todo o aparelho administrativo para o Brasil, viria interromper praticamente por um século o conhecimento direto, por artistas brasileiros, do tipo de música cultivado pelas camadas populares do reino e, depois, dos dois impérios. Nas principais cidades brasileiras, que eram Salvador e Rio de Janeiro, a própria chegada de inesperados contingentes de europeus serviu, inclusive, para alterar o sistema de relações coloniais que tinham permitido o aparecimento do lundu e da modinha, precisando as camadas populares urbanas de mais de meio século para apresentarem duas novas contribuições autênticas: a música dos choros e a dança do maxixe.

2.
A IMPORTAÇÃO DE MÚSICAS NO SÉCULO XIX E AS PRIMEIRAS EXCURSÕES À EUROPA

A importação das valsas, polcas, *shottisches*, quadrilhas, mazurcas, lanceiros e cançonetas da Europa no século XIX — A procura do cosmopolitismo e as relações culturais Brasil-França no início do século XX — A excursão europeia dos pretos Irmãos Martins e a ideia da formação de uma orquestra de música popular brasileira na França — A dupla Os Geraldos, dos cançonetistas mulatos Geraldo Magalhães e Nina Teixeira, e o lançamento do tango-chula "Vem cá mulata" em Paris, em 1909 — A moda da dança do maxixe e o bailarino Duque — O pianista Mário Penaforte e a valsa "Baiser suprême" em Paris — Eduardo Souto e o tango "Mar del Plata" em Buenos Aires.

Transferido o relativo poder de decisão da economia de Portugal para o Brasil, a liberalização das indústrias e a multiplicação dos ofícios geraram o aparecimento de camadas urbanas médias tão semelhantes às da Europa em processo de industrialização que a tendência até o fim do século XIX seria mesmo importar, e nunca exportar (a não ser, é claro, no plano da economia agrícola, cujas divisas custeavam o crescimento das cidades). Assim, sujeito o Brasil, no plano econômico, à iniciativa não mais de Portugal apenas, mas de toda a Europa, as camadas urbanas nacionais tiveram que importar, numa sucessão interminável, as valsas (que, por sinal, chegavam com pianos da França e da Alemanha), as polcas, *shottisches*, quadrilhas, mazurcas, lanceiros e cançonetas, que as artistas francesas do Alcazar Lyrique da Rua da Vala, no Rio de Janeiro, introduziram de permeio com as operetas de Offenbach.

Esse período — durante o qual as novas camadas urbanas puderam afinal chegar a uma nova e original estratificação, graças à absorção dos contingentes de escravos, até a Abolição — ia estender-se até o início do século XX, quando uma mudança no panorama mundial favoreceria, mais uma vez, a curiosidade europeia pela cultura popular das antigas colônias. É que o avanço da tecnologia, permitindo à grande indústria a exploração, em escala nunca sonhada, da matéria-prima dos países dependentes, havia provocado um tal choque com as estruturas e conceitos da fase anterior que era preciso renovar tudo: do academicismo das letras e das artes, até as anquinhas dos vestidos e o ritmo das danças, todas com mais de meio século de criação. Essa mudança de atitude, tão cheia de sugestões e tão colorida de matizes econômicos, sociais e culturais, que valeriam ao período de maior euforia o título de *belle époque*, levou os europeus — e logo os norte-americanos — a uma procura de cosmopolitismo que nada mais significava do que uma atualização de dados para nova arrancada de dominação dos mercados. Era o primeiro passo, ainda que inconsciente, para a busca da média de estilos e de gostos que, em menos de meio século, se tornaria responsável pelo advento da chamada cultura de massa, característica da última etapa da dominação capitalista: o conceito que encobre, sob a forma de "sofisticação universal" dos produtos industriais, a violência às culturas particulares em nome de interesses perfeitamente localizáveis.

Quando se ofereceu o momento para a troca de produtos — inclusive culturais — com uma Europa ávida de contatos com novos mercados, o Brasil vivia um instante rico de possibilidades. A tecnologia e os capitais ingleses abriam estradas de ferro, construíam pontes e exploravam serviços de bondes, de iluminação pública e de fornecimento de energia e de gás, ao mesmo tempo que supriam com empréstimos as eventuais flutuações da balança comercial. Os alemães, a entrarem forte, então, no mercado internacional com suas máquinas, produtos químicos e armamentos Krupp, coloriam os padrões dos tecidos brasileiros com as suas anilinas e ajudavam o marechal Hermes da Fonseca a atualizar a artilharia do Exército com material de tiro rápido e a infantaria com os fuzis Mauser modelo 1908. A França, tradicionalmente ligada às elites brasileiras pelo fornecimento de artigos de luxo — chapéus, vestidos, perfumes e artigos de beleza — reforçava sua influência junto à classe média através da exportação das novas modas artísticas e literárias, sem prejuízo do fluxo normal de *cocottes* com que, havia mais de 30 anos, se alimentava um restrito mas exigente mercado de prazeres extraconjugais.

Assim sendo, compreende-se perfeitamente que, na hora da troca de valores culturais, as maiores relações teriam que ser estabelecidas com a França. E foi realmente o que aconteceu, a começar pela pintura e pela literatura: enquanto Jane Catulle-Mendès, filha de Théophile Gautier, visitava o Rio à procura de inspiração para escrever, em sua volta, os 33 poemas do livro *La ville merveilleuse*, Antônio Parreiras exibia o seu nu *Nonchalance* no Salão Nacional da França de 1914, e a romancista Júlia Lopes de Almeida conseguia ser homenageada com um banquete pela Societé des Gens de Lettres, de Paris, assumindo o lugar de honra numa mesa à volta da qual trocavam rapapés com Léon Daudet e Edmond Rostand, no melhor francês, brasileiros como o poeta parnasiano Olavo Bilac, o médico-escritor Medeiros e Albuquerque e a pianista Magdalena Tagliaferro.

Na área das diversões populares o Brasil tinha muito a oferecer. A ampliação das camadas médias de Paris, e a eleição da cidade como capital do turismo do mundo, favorecendo o surgimento de novos cabarés e salas de dança — como o Dancing Palace, do Luna Park, no fim da primeira década do século —, estava pedindo a importação de músicas capazes de atender "a uma ânsia geral dos europeus por novas formas de dança chamada *de sociedade*, saturado que se achava o Velho Mundo das danças ditas *de roda*".[12] Estava pois aberto o caminho para um ciclo de relações de artistas populares do Brasil com a França, caminho este que se estenderia por mais de 20 anos, e só terminaria quando uma mudança de dependência econômica corrigiu

---

[12] Onestaldo de Pennafort, *Um rei da valsa*, Rio de Janeiro, Livraria São José, 1958, p. 19.

o eixo de interesses e admirações que passava por Paris fazendo-o dirigir-se para Nova York.

Os primeiros artistas brasileiros a se apresentarem na Europa no início do século foram os pretos Alfredo e João Martins, que se exibiam em dueto, o primeiro tocando violoncelo e o segundo, violino. Os Irmãos Martins, como eram conhecidos, andaram por Portugal, Espanha, França, Alemanha, Holanda, Bélgica, Rússia e Itália, exibindo-se de 1908 até 1912 em pequenos concertos de música clássica. Quando chegaram de volta a Paris, no entanto, o bailarino brasileiro Duque estava alcançando o maior sucesso com a novidade da dança do maxixe, e os Irmãos Martins resolveram aderir.[13] Incorporados à orquestra do Gibout, que era composta só de mulheres, e louras, os crioulos brasileiros lançaram como novidades velhos sucessos do carnaval carioca, como o "Pega na chaleira", o "Vem cá, mulata" e o "Pandanguaçu". O sucesso foi tamanho que os Irmãos Martins chegaram a ir a Londres especialmente para inaugurar um cabaré no Picadilly e, na volta, pelos inícios de 1913, já pensavam em formar uma orquestra brasileira em Paris, mandando "vir do Rio um pistão, um bombardino, um oficlide, um bombo, um tambor, pratos, toda a pancadaria, enfim".[14] A ideia da orquestra não chegou a ser concretizada, e o próprio sucesso dos "nègres du Gibout" não se estendeu por muito tempo: a guerra de 1914 a 1918 ia abrir um parêntese nas relações Brasil-França, e quando

---

[13] Brício de Abreu, em reportagem sob o título "A propaganda da nossa música popular", publicada na revista *Música e Disco*, maio-junho de 1960, pp. 3-11, baseado em uma notícia publicada no jornal *Gazeta de Notícias*, do Rio de Janeiro, em 28/4/1913, escreveu que, de volta dos seus concertos pela Europa, "resolveram ficar em Paris e caíram em Montmartre, 'então contaminada pelo *maxixe*' e ingressaram na orquestra popular do Gibout".

[14] Informação de Brício de Abreu, no artigo citado, referindo-se a nota publicada na revista *Fon-Fon!* em um dos seus números do mês de abril de 1913, que não chega a precisar.

estas foram retomadas, a partir de 1920, ninguém mais ouviu falar nem de Alfredo nem de João Martins.

Quase ao mesmo tempo que os Irmãos Martins, outra dupla de brasileiros partiu, em fins de 1908, para a Europa, via México, a fim de mostrar a verdadeira origem do maxixe, que o jornalista francês Henri Cuzzon, escrevendo no *Paris Illustré* de 1906, dava vagamente como "venue en ligne droite du pays des Incas, ou de quelque autre".[15] Tratava-se da dupla Os Geraldos, composta pelos dançarinos e cançonetistas mulatos Geraldo Magalhães e Nina Teixeira, que havia anos se exibiam com sucesso cantando cançonetas picantes e dançando maxixes no pequeno palco do jardim do Passeio Público, do Rio de Janeiro. Geraldo, que começou no fim do século XIX apresentando-se em casas de chope e cafés-cantantes das ruas da Carioca e do Lavradio com uma castelhana chamada Margarita e, após alcançar sucesso ao seu lado no Salon Paris, da Rua do Ouvidor, e no Alcazar Parque, do Largo da Lapa, trocara a parceira pela gaúcha Nina, com a mesma sem-cerimônia com que mais tarde trocaria esta pela portuguesa Alda Soares.[16] Muito elegante no trajar, o mulato Geraldo Magalhães seria o lançador em Paris, no início de 1909, do famoso tango-chula "Vem cá, mulata", de 1906 (que, aliás, gravara com Nina em disco Odeon nº 108.290), voltando via Lisboa, em abril de 1909, cheio de pose e "rempli de soi même", como escreveria a revista *Rio Chic* de 8 de abril de 1909, acrescentando: "ao que parece, aproveitou bem a sua estada lá p'las Orópicas; quando nada, aprendeu a vestir-se e a usar luvas".[17]

---

[15] Citado por Onestaldo de Pennafort à página 18 do seu livro *Um rei da valsa*, embora — tal como Brício de Abreu — sem precisar mês e número da revista.

[16] A melhor informação sobre Geraldo Magalhães e suas várias parceiras é fornecida por Jota Efegê (João Ferreira Gomes) no artigo "Geraldo Magalhães: terna relíquia dos velhos cafés-cantantes", publicado à página 7 do 3º caderno de *O Jornal*, Rio de Janeiro, 25/10/1964.

[17] Citado por Jota Efegê no artigo "Geraldo Magalhães".

O samba agora vai...

Se a revista não exagerava, e o resultado final da excursão dos Geraldos não passou desse aprendizado de elegância com os artistas dos cabarés de Paris, ainda assim as apresentações de Geraldo Magalhães e Nina Teixeira contribuíram certamente com uma pequena amostra de um produto da cultura popular carioca, que logo o dançarino baiano Duque se encarregaria de promover, não sem um certo simbolismo: José de Amorim Dinis, o Duque, enviado à França como representante de um produto farmacêutico brasileiro, ia de fato conseguir sucesso, mas como divulgador do maxixe. Do remédio — produto industrial que pretendia colocar no mercado europeu — a história não chegou sequer a registrar o nome.

Na verdade, o bailarino Duque estava no auge da sua promoção da dança do maxixe, em 1914, quando outro brasileiro chegaria a Paris para juntar seu nome à relação de artistas divulgadores da música popular do Brasil na Europa: o compositor e pianista Mário Penaforte.

Filho de uma família mineira de algumas posses, Mário Penaforte fora levado para o Rio de Janeiro ainda criança, chegando à juventude em meio a um clima de cosmopolitismo, que fazia da classe média da então capital do Brasil uma espécie de satélite espiritual de Paris. Tendo morrido um seu irmão em 1913, Mário Penaforte, logicamente, não encontraria melhor lugar para afogar a tristeza do que a França. Foi assim que, sempre com seu chapéu de aba virada na cabeça, para esconder uma calvície precoce (Mário Penaforte não tirava o chapéu nem para tocar piano), o pianista partiu para Paris, lá chegando em momento providencial. Logo no início de 1914 a estrela do Imperial de Paris, Gaby Desly, "que já havia brilhado tanto em Nova York e em Londres, e que pouco antes, como a célebre Liane de Pougy, a rival da Bela Otero, tinha sido vítima de um roubo de joias que a publicidade explorara até o máximo",[18] resolvera inventar uma

---

[18] Onestaldo de Pennafort, *Um rei da valsa*, cit., pp. 15-6. O autor esclarece ainda que o contrato era para se exibir "dançando uma valsa com

nova promoção: instituir um concurso de valsas, para, ao som da vencedora, estrear no Dancing Palace, do Luna Park, onde, aliás, brilhava Duque.

Aberto o concurso, Mário Penaforte inscreveu uma valsa lenta com título em francês: "Baiser suprême". Segundo Onestaldo de Pennafort em sua biografia de Mário, a decisão se deu em março de 1914, e tão pronto foi executada a valsa do compositor brasileiro pela orquestra do Dancing Palace, "foi ela logo aclamada e escolhida, com ruidosos aplausos e palavras de entusiasmo do júri presidido pela própria Gaby e de todos os presentes, como a mais bela de todas as composições apresentadas".[19]

A valsa "Baiser suprême", de Mário Penaforte, vinha juntar-se então às clássicas "Quand l'amour meurt", de Crémieux, "Amoureuse", de Berger, e "Fascination", de Marchetti, obrigatórias no repertório de piano da *belle époque*, mas infelizmente chegava um pouco tarde: o kaiser da Prússia começava a azeitar a sua máquina bélica, e em breve a Europa ia ter que trocar o romantismo das valsas pelo troar realista dos canhões vanguardeiros da grande indústria alemã.

De volta ao Brasil, Mário Penaforte, mais afrancesado do que nunca — suas valsas tinham títulos como "Baiser volé", "Chute d'or", "Reine des perles", e todas as dedicatórias eram em francês —, ia enfrentar um rival, tal como ele iniciado em teoria musical e pianista: o santista, radicado no Rio, Eduardo Souto. Segundo o seu biógrafo Onestaldo de Pennafort, o ciúme de Mário Penaforte chegava ao ponto de, ao cruzar por acaso com Eduardo Souto na rua, cuspir no chão e passar o pé em cima, provocadoramente, como costumavam fazer os meninos de

---

os novos sapatos (*souliers sans bas*), que então estava no furor da moda", o que mostra, desde logo, uma forma inicial das relações entre a indústria e as manifestações de cultura ao nível popular, hoje definitivamente estabelecidas em termos de imposição de padrões por parte da primeira.

[19] Onestaldo de Pennafort, *op. cit.*, p. 17, acrescentando que a valsa se tornou "depois disso conhecidíssima".

colégio quando queriam desafiar um colega para brigar. E essa inveja infantil pelo sucesso de Eduardo Souto chegou a tanto que, quando esse seu rival venceu um concurso de músicas em Buenos Aires com um tango, Mário Penaforte não descansou enquanto não lhe deu a réplica. Ao primeiro concurso de música de que teve conhecimento na Argentina, Mário viajou para Buenos Aires e, segundo voltaria afirmando, conseguiu também arrancar um prêmio com o tango "Mar del Plata". Assim, sem o imaginar, o ciúme da fama de Eduardo Souto servia para ligar o seu nome ao do competidor, no que seria a última excursão episódica da música popular brasileira ao exterior antes do início da década de 1920.[20] A partir daí uma nova fase ia começar.

O fim da Primeira Guerra Mundial, fazendo despontar com a provisória derrota da Alemanha uma nova grande potência mundial, os Estados Unidos, iria devolver também provisoriamente a Paris o cetro de capital mundana do Ocidente, graças à manutenção da sua capacidade de impor padrões de cosmopolitismo, de modas, de liberdade de costumes, de diversões (o turismo já era uma de suas fontes de renda) e de vida intelectual (os literatos e pintores vagabundos franceses significando, no fundo, a incapacidade industrial em absorvê-los na qualidade de mão de obra especializada).

Assim, quando o dançarino Duque, fora da França desde 1915, voltou a Paris em 1921, pôde verificar que, ainda como acontecera dez anos antes, os europeus continuavam a procurar um ritmo que expressasse as modernas realidades urbanas da emancipação feminina, do cinema, do disco e dos automóveis.

---

[20] Onestaldo de Pennafort, que dá essa informação à página 44 do seu *Um rei da valsa*, ressalva que "a história desse prêmio, ou coisa que o valha, nunca ficou bem esclarecida", e, depois de dizer que o episódio subsiste no seu espírito "confusamente", ainda escreve: "Tenho vaga ideia de que teria sido obtido sob forma de uma aposta que se traduzira em cem libras ou coisa parecida, mas não me lembro das particularidades do caso".

Como um produto destinado a satisfazer essa exigência começava a ser testado, nos Estados Unidos, através de dançarinos como Vernon e Irene Castle, aproveitando ritmos negros sob as denominações de *one-step*, *fox-trot* e de *castle walk* (introduzido nas comédias musicadas a partir de *Watch Your Step*, de 1914), Duque percebeu a importância de levar a Paris não apenas a coreografia das danças — como fizera no início do século com o maxixe —, mas o ritmo vivo produzido por músicos populares brasileiros.

Ora, como em sua temporada com Gaby no Salão Assírio, no subsolo do Teatro Municipal, em 1921, Duque dançava ao som de uma excelente orquestra de músicos populares, da qual faziam parte quatro pretos, o seu raciocínio foi o mais oportuno: se a elite carioca que frequentava o Assírio aplaudia a música desse conjunto intitulado Oito Batutas, por que não o fariam também os parisienses, que constituíam o equivalente europeu da mesma classe de gente?

De fato, o conjunto dos Oito Batutas, compostos por Pixinguinha (flauta), por seu irmão Otávio Viana, o China (canto, violão e piano), e mais Donga e Raul Palmieri (violões), José Alves (bandolim), Nelson dos Santos Alves (cavaquinho) e Luís de Oliveira (bandola e reco-reco), representava na época uma curiosa criação do povo, posta na moda por atender exatamente a uma necessidade de atordoamento das novas camadas da alta classe média da capital. Tal como começava a acontecer com o *jazz band* — do qual o futurista português Antonio Ferro diria, em conferência no Teatro Lírico do Rio de Janeiro, que, "frenético, diabólico, destrambelhado e ardente, é a grande fornalha da nova humanidade"[21] — o ritmo dos sambas tocados pelos Oito

---

[21] Antonio Ferro, *A idade do jazz-band*, Lisboa, Portugália Livraria Editora, 2ª ed., s/d, p. 60. Trata-se do texto de uma conferência que o escritor futurista português leu inicialmente no Teatro Lírico do Rio de Janeiro a 30 de julho de 1922, e depois repetiu no Teatro Municipal de São Paulo a 12 de setembro do mesmo ano, ainda uma vez no Automóvel Clube da

Batutas também se apresentava como o "triunfo da dissonância" e "a loucura instituída em juízo universal".[22] Pela primeira vez, na verdade, antigos chorões, animadores de bailes em clubes e casas de gente das camadas populares tinham a oportunidade de levar aos salões das novas elites uma vitalidade de ritmo herdeira em linha reta dos batuques, de cuja existência elas jamais haviam suspeitado.

---

mesma cidade, a 10 de novembro, no Teatro Guarani, de Santos, a 10 de outubro, e, finalmente, no Teatro Municipal de Belo Horizonte, a 8 de fevereiro de 1923.

[22] Antonio Ferro, *op. cit.*, p. 60.

3.
OS OITO BATUTAS
E A ORQUESTRA DE ROMEU SILVA

Os Oito Batutas e a descoberta do ritmo popular pelas elites — A flauta de Pixinguinha no Dancing Scheherazade, de Paris, a corneta de Louis Armstrong no Folies Bergère e o "triunfo da dissonância" anunciado pelo futurista português Antonio Ferro — Os Oito Batutas se tornam *Les Batutas* e cantam maxixe em francês — Pixinguinha ganha um saxofone e começa a sofrer a influência do *jazz* — A volta de Os Batutas, a excursão a Buenos Aires e a transformação do conjunto de choro em orquestra tipo *jazz band* — A orquestra de Romeu Silva e a aventura de 15 anos fora do Brasil: de Paris à Tailândia, e de Los Angeles e Nova York ao fim sem glória no Rio de Janeiro — A mulata Elsie Houston fala em nome da música popular brasileira nos Estados Unidos — Os casos especiais de Gastão Bueno Lobo e Luís Americano.

A história do conjunto dos Oito Batutas começou em 1919, quando o gerente do Cinema Palais, o velho Frankel, ouvindo o conjunto de músicos tocar na hoje Avenida Rio Branco, durante o carnaval, lembrou-se de convidá-los a organizarem-se em orquestra, para animar com aqueles seus choros, sambas e maxixes a sala de espera do cinema.[23] Os músicos aceitaram o convite, e o sucesso foi tamanho que, segundo testemunhos da época,

---

[23] O jornalista Celestino Silveira, que entrevistou Pixinguinha em 1941 para contar esse episódio em uma de suas crônicas da série "Antigamente era assim..." — lida pelo locutor César Ladeira na Rádio Mayrink Veiga e depois reproduzida em seu jornal semanal *Cine-Rádio-Jornal* (no caso a crônica "Pixinguinha e os outros Batutas...", publicada às páginas 4 e 5 do nº 151, de 28/5/1941) —, completava ainda a informação afirmando que "o samba, o 'chorinho' gostoso, o maxixe trepidante, jamais haviam tido as honras de uma audição na sala de visitas da cidade, cabendo ao Palais, graças à feliz ideia do Frankel e à cooperação notável dos seresteiros do Catumbi e adjacências, essa subida honra...".

a calçada em frente ao Palais ficava cheia de gente, e o próprio pianista Ernesto Nazareth, que tocava do outro lado, na sala de espera do Cinema Odeon, atravessava a Rua Sete de Setembro para ouvir os Oito Batutas, muitas vezes encontrando, ali, o conselheiro Rui Barbosa.

Transformada logo de novidade em moda obrigatória, a música dos Oito Batutas começou a ser consumida, como um toque de exotismo interno, pela própria elite brasileira. Tal como haviam feito 20 anos antes, chamando o trovador Catulo da Paixão Cearense para recitais de salão (ou até escandalizando os mais conservadores com a introdução do maxixe no próprio Palácio do Catete, como fez D. Nair de Teffé, esposa do presidente Hermes da Fonseca), as melhores famílias burguesas do início da década de 1920, no Rio de Janeiro, começaram a disputar a presença dos Oito Batutas em suas recepções, como um sinal de originalidade. Entre esses entusiastas da nova música urbana carioca estava o milionário Arnaldo Guinle, cabeça de uma das famílias mais ricas do Brasil àquele tempo. Assim, quando o dançarino Duque muito acertadamente se dirigiu a Arnaldo Guinle no Dancing Scheherazade, em Paris, para expor a ideia de uma excursão dos Oito Batutas à França, sob o seu patrocínio, o famoso ricaço e apreciador da música popular se dispôs a dar-lhe todo o apoio, e o primeiro conjunto de autêntica música popular brasileira pôde exibir-se no exterior.[24]

A viagem para a Europa, no navio *Massília*, deu-se a 29 de janeiro de 1922, em pleno verão carioca, com os Oito Batutas reduzidos a sete instrumentistas, pois J. Tomás adoeceu em cima da hora da viagem e os irmãos Raul e Jacó Palmieri desistiram

---

[24] Arnaldo Guinle, por sinal, possuía uma mesa cativa no Dancing Scheherazade, que pagava por ano e era mantida reservada em seu nome, mesmo quando não estava em Paris. Segundo Clemente Neto, em notícia intitulada "Os Oito Batutas", publicada na seção "Radiovariedades" da revista *A Cigarra*, Arnaldo Guinle pagava cerca de mil francos por dia pela mesa no Scheherazade.

da viagem, sendo substituídos pelo cantor José Monteiro e pelo pandeirista Feniano. A chegada na França, na segunda semana de fevereiro, foi dramática: os músicos brasileiros, saídos do Rio de Janeiro numa temperatura acima de 30 graus centígrados, chegaram à Europa, com suas roupas tropicais, no auge do inverno. Segundo o cronista Floresta de Miranda, que vivia em Paris, de onde colaborava para jornais do Rio, os músicos brasileiros desembarcaram em Bordeaux, no sudoeste da França, e com seus instrumentos debaixo do braço, sob um frio intenso, entraram pela noite viajando de trem até Paris. Eis como Floresta de Miranda descreveu a chegada, num trecho de crônica transcrita por Lúcio Rangel, sem indicar jornal e data de publicação:

> "Paris, inverno de 1922. Frio de rachar, vários graus abaixo de zero, Duque e eu estávamos na estação de Quai d'Orsay, esperando o trem de Bordéus. Nesse trem iriam chegar os Oito Batutas. Às 23 horas apareceram os músicos brasileiros, cada qual carregando o seu instrumento. Trajavam roupas leves e tiritavam. Na manhã seguinte Duque os levou a comprar roupas apropriadas para aquele clima."[25]

Realizada a estreia no Dancing Scheherazade, o ritmo novo dos choros e do samba ainda algo amaxixado, mas, principalmente, a liberdade das variações de Pixinguinha na flauta (do que os parisienses só teriam equivalente quando das apresentações do cornetista norte-americano Louis Armstrong, no Folies Bergère), valeram para os Oito Batutas o sucesso imediato.

Como a denominação de Oito Batutas ficara prejudicada pela ausência inesperada de J. Tomás, o dançarino Duque rebatizou o conjunto em francês com o nome de *Les Batutas*, escre-

---

[25] Citado por Lúcio Rangel à página 70 de seu livro *Sambistas e chorões*, Rio de Janeiro, Livraria Francisco Alves, 1962, sem indicar o jornal em que foi publicada a crônica de Floresta de Miranda.

vendo para um maxixe de Pixinguinha uma letra que valia por uma apresentação do ritmo brasileiro aos europeus:

"Nous sommes batutas,
Batutas, batutas,
Venus du Brésil
Ici tout droit
Nous sommes batutas,
Batutas, batutas,
Nous faisons tout le monde
Danser le samba.

Le samba se danse
Toujours en cadence
Petit pas par-ci
Petit pas par-là

Il faut de l'essence
Beaucoup d'élégance
Le corps se balance
Dansant le samba.

La musique est simple
Mais très rythmique
Nous sommes certains
Que ça vous plaira
Nous sommes batutas,
Batutas uniques
Pour faire tout le monde
Danser le samba."[26]

---

[26] Letra citada por Almirante (Henrique Foréis Domingues), às páginas 28 e 29 do seu livro *No tempo de Noel Rosa*, Rio de Janeiro, Livraria Francisco Alves, 1963, com várias incorreções.

Durante seis meses — de meados de fevereiro a meados de agosto de 1922 — o conjunto dos Oito Batutas fez vibrar o ambiente internacional do Scheherazade com as suas melhores criações da época, como o choro "Sofres porque queres" e o samba "Fica calmo que aparece", ao mesmo tempo que os músicos brasileiros começavam, por sua parte, a sofrer uma influência na direção do *jazz*. Um exemplo disso se deu com o próprio Pixinguinha. O líder dos Oito Batutas — que só tocava sua brasileiríssima flauta, no mais puro estilo de choro, contrapontando a melodia — estava uma noite vendo um músico do próprio Dancing Scheherazade tocar saxofone, quando Arnaldo Guinle se aproximou e, diante do seu interesse, perguntou se ele também tocava aquele instrumento. Como Pixinguinha respondesse que sim, o milionário brasileiro encomendou um saxofone especialmente para ele.

"Levou um mês para ficar pronto", lembraria 45 anos mais tarde o próprio Pixinguinha, em depoimento no Museu da Imagem e do Som, "e quando o recebi passei pelo hotel, estudei algumas posições e fui até a orquestra francesa e lá toquei para o saxofonista ver. Ele gostou, mas eu não toquei mais, só vindo a fazê-lo quando voltei para o Rio de Janeiro."[27]

Sem que o artista pudesse prever o que isso significava, ele estava dando o primeiro passo para o abandono progressivo da velha flauta dos choros a partir de 1923 (definitivo desde 1946, quando Pixinguinha perdeu a embocadura), ao mesmo tempo que, pela influência dos *jazz bands*, o próprio conjunto dos Oito Batutas (depois Os Batutas) se ampliaria para dez e onze figuras, marcando a entrada de saxofones, clarinetas e pistões. Seis anos mais tarde, comentando o aparecimento da gravação do choro "Lamento" (Parlophon 12.867-A, 1928), de Pixinguinha, o musicólogo Cruz Cordeiro já poderia apontar em sua revista *Phono-*

---

[27] "Pixinguinha gravou a sua vida para o Museu da Imagem e do Som tomando cerveja", *Jornal do Brasil*, Rio de Janeiro, 7/10/1966, 1º caderno, p. 15.

-*Arte* uma nítida influência do *jazz* na instrumentação de autoria do próprio compositor.[28]

Após a volta ao Brasil, em agosto de 1922, para tomar parte nos festejos da Exposição do Centenário da Independência do Brasil, Os Batutas retomam o seu lugar no Assírio, agora transformados em orquestra de tipo norte-americano, participam da revista *V'la Paris*, da companhia francesa Bataclan, que se exibe no Rio de Janeiro pela primeira vez, excursionam em 1927 até Buenos Aires, gravando alguns discos na fábrica Victor da Argentina, passam a denominar-se Orquestra Típica dos Oito Batutas — e em 1928 não existem mais.

As possibilidades de mercado para o ritmo brasileiro, reveladas com o sucesso alcançado pelos pioneiros Oito Batutas, sob o nome de Les Batutas, começou a chamar a atenção no início da década dos 1920 não apenas dos brasileiros, mas dos próprios franceses. A companhia francesa Bataclan, de Madame Rasimi, impressionada em 1922 com a popularidade de Os Batutas no quadro que lhes havia aberto na segunda revista da sua primeira temporada no Rio, a *V'la Paris* (a primeira fora *Paris Chic*), ao trazer a vedeta Mistinguett em 1923 para sua segunda apresentação no Brasil, já não ia voltar a Paris sem levar uma contribuição na sua terceira viagem, em 1926: ao estrear sua revista no Teatro Lírico, Madame Rasimi encarrega o baterista paulista

---

[28] Cruz Cordeiro, revista *Phono-Arte*, nº 8, 30/11/1928, p. 24: "[...] a influência das melodias e mesmo do ritmo da música dos norte-americanos é, nestes dois choros, bem evidente. Este fato nos causou certa surpresa, porquanto ambos os compositores [Pixinguinha e Donga] são dois dos melhores autores de música típica nacional. É por este motivo que julgamos este disco o pior dos quatro que a Orquestra de Pixinguinha-Donga oferece-nos esta semana".

Mais de 30 anos passados, Cruz Cordeiro ratificava sua afirmação, ressaltando que a observação foi feita com "o ouvido da época", isto é, com o sentido vivo da transformação percebida no momento, ao estabelecer a comparação entre o que Pixinguinha produzia antes da viagem a Paris e depois da evolução do seu conjunto de choro para orquestra de *jazz band*.

Carlos Blassifera, o Carlitos, de formar um conjunto, e a música brasileira volta ao exterior.[29]

Carlitos convidou Sebastião Cirino (pistão), Donga (banjo), Zé Povo (trombone), Orozino (saxofone), João Vanderlei (violino) e Augusto Vasseur (piano), e o conjunto sai inicialmente pelo Brasil acompanhando a excursão da Companhia Bataclan: São Paulo, Salvador, Recife. Segundo depoimento de Sebastião Cirino (autor do célebre maxixe "Cristo nasceu na Bahia"), foi ao chegar ao Recife que Madame Rasimi sugeriu a esticada do conjunto até Paris, ao mesmo tempo em que fazia logo a ressalva de que só pagaria as passagens de ida: quando a companhia se desfizesse na França, cada um se responsabilizaria por si. Todos aceitaram e, em Paris, entrando em contato com o embaixador Sousa Dantas, foram apresentados ao proprietário do cabaré Palermo, que já mantinha uma orquestra americana e uma típica de tangos argentinos. Assim — e de maneira muito significativa —, apenas dois anos depois do sucesso exclusivo de Pixinguinha e seus companheiros, o conjunto de Carlitos precisava dividir a atenção do público cosmopolita de Paris com seu rival sul-americano, o tango argentino, e com o *fox-trot* norte-americano, que em poucos anos sufocaria todos os demais, de braços com os gramofones Edison e Columbia, as vitrolas da RCA Victor e, finalmente, com os musicais da era do cinema sonoro.

Com o nome de *Carlitos et son Orchestre*, e após exibirem-se três meses no Palermo, os sete brasileiros foram passando de cabaré a cabaré, até que, em 1925, terminando uma última temporada no Café Anglais, Donga e Vanderlei abandonam o grupo,

---

[29] Brício de Abreu, em sua reportagem "A propaganda da nossa música popular", citada, e o maestro Cirino, em entrevista ao *Jornal do Brasil*, Rio de Janeiro, 12/7/1962, contam de forma diferente a formação do conjunto do Carlitos. Brício diz que foi em São Paulo, "na segunda temporada que aqui realizou em 1923" Madame Rasimi. Cirino diz que foi em 1926, no Rio de Janeiro. Como realmente a Companhia Bataclan esteve uma terceira vez no Brasil, em 1926, a versão do maestro Cirino, que foi, afinal, personagem da história, parece ser a verdadeira.

alegando saudades do Brasil. Como pouco depois o saxofonista Orozino se apaixonava por uma francesa, preferindo a segurança do casamento à aventura dos contratos a curto prazo, como músico, o conjunto se veria reduzido ao baterista e líder Carlitos, ao pistonista Cirino e ao trombonista Zé Povo, depois substituído por Leonel, quando o pianista também já não era mais Augusto Vasseur.

Sempre substituindo por instrumentistas europeus os brasileiros que ia perdendo, Carlitos tentou então uma excursão à Itália. Mal iniciada, revelava ela fracasso sobre fracasso em Bolonha, Milão e Pisa, quando Madame Rasimi, aparecendo milagrosamente em temporada italiana com a sua Companhia Bataclan, salvou os brasileiros, contratando-os novamente. Após acompanhar a companhia de revistas em suas exibições em Milão, Turim, Veneza, Gênova, Roma e Nápoles, onde novamente Madame Rasimi a dissolveu, Carlitos voltou com seu conjunto para Paris.

Sempre tocando sucessos brasileiros, como a marcha "Pinta, pinta, melindrosa", de Freire Júnior, de 1926, e a embolada "Bombo-bambo", assinada por Biundi e F. Antípola, de 1928, e sem qualquer possibilidade de renovar o repertório longe do Brasil, Carlitos, Cirino e Leonel apresentaram-se no cabaré Ermitage Moscovite (mostrando o samba para nobres russos refugiados da Revolução de 1917), passaram anos na Turquia (em Constantinopla o maior fã da música brasileira era o presidente Kemal Ataturk), e voltaram à França em 1930, a tempo de se apresentarem na Grande Exposição Colonial de Paris. Aí nessa exposição encarregaram-se do ritmo ao som do qual dançava a mais famosa vedeta mulata do mundo, a espetacular Josephine Baker; um dos seus mais constantes apreciadores — da orquestra e da mulata — era o brasileiro Santos Dumont.

Após uma temporada no cabaré Ève, e vários anos no Chez Les Nudistes, em Montmartre, Carlitos viu chegar a guerra, e atendeu ao apelo do Consulado Brasileiro convocando todos os brasileiros residentes na França a voltarem ao Brasil. Assim, em fins de dezembro de 1939, Carlitos e seus músicos brasileiros estavam de regresso de uma aventura de mais de 15 anos na Europa. Ele, Carlos Blassifera, o Carlitos, terminaria mediocremente em 1957 como funcionário do Teatro Municipal do Rio de Janeiro, depois de voltar a ser apenas músico e tentar a sorte como empresário de revistas de teatro. Sebastião Cirino reencontrou a mulher lavando roupa para fora, a filha que deixara pequenina agora com 15 anos completos, e começou a escrever melodias para colegas analfabetos em música, passando a viver das glórias do passado: Cruz de Honra de Educação Cívica, no grau de cavaleiro, por participação em espetáculos oficiais de caridade, e diploma de membro da Sociedade de Compositores da França.

A saída de Carlitos do Brasil, no limiar de 1924, precedeu de um ano o envio oficioso à Europa da primeira orquestra brasileira de caráter declaradamente jazz-bandístico. Sob o nome de *Romeu Silva et Son Orchestre Brésilienne*, essa orquestra nada mais era do que a antiga Jazz-Band Sul-Americano, ou, como foi chamada ao deixar o Brasil, Jazz-Band Sul-Americano Romeu Silva. O seu líder, Romeu Silva, era um músico carioca a quem estava destinada uma carreira de 15 anos praticamente vividos fora do Brasil, o que, somado ao próprio espírito de imitação de estilos americanos que presidira a sua formação, jamais lhe conferiria um caráter de representatividade total da música popular brasileira da época.[30] Formado na escola de um compositor popular possuidor de grande espírito comercial (Eduardo Souto, o dono da loja de música Carlos Gomes, da Rua Gonçalves Dias), Romeu Silva começou integrando um conjunto criado especialmente para divulgar as músicas de Eduardo Souto. Assim, tão logo viu a oportunidade de formar uma orquestra própria, Romeu Silva aproveitou a experiência comercial adquirida e, por

---

[30] Segundo afirma Ary Vasconcelos à página 164 do volume 1 do seu livro *Panorama da música popular brasileira* (São Paulo, Livraria Martins Editora, 1964), o despaisamento de Romeu Silva chegou ao ponto de fazê-lo voltar "estropiando algumas palavras portuguesas".

volta de 1923, surgiu com a Jazz-Band Sul-Americano, responsável, de saída, por uma americanização: a introdução do saxofone alto no lugar que coubera até poucos anos antes ao oficlide nos conjuntos de choro.[31]

Com essa orquestra tipo *jazz band*, com saxofone em primeiro plano e bateria com bumbo de pedal e pratos — novidade norte-americana que induzia os bateristas a transplantar naturalmente células rítmicas do *jazz* em fase de comercialização —, Romeu Silva começou a se apresentar em bailes e cabarés, e na sala de espera do Cine Palais, onde tão auspiciosamente estreara, menos de cinco anos antes, a verdadeira música popular urbana brasileira com os Oito Batutas liderados por Pixinguinha.

Em 1925, já tendo conseguido nome no Rio de Janeiro e no Brasil, através de várias gravações em discos Odeon — a partir do maxixe "Tênis Clube de Petrópolis", de Sílvio de Sousa —, Romeu Silva usa ainda uma vez o seu espírito de empresário e consegue do então ministro Félix Pacheco uma verba do governo brasileiro para fazer propaganda do Brasil no exterior. Essa excursão, que seria apenas a primeira de uma série custeada pelo Estado, começou naquele ano de 1925 por apresentações no Teatro Trindade, de Lisboa, logo seguidas de outras no Politeama, no Monumental e no Maxim's, da mesma capital, e depois em cidades portuguesas como Foz, Porto, Braga, Estoril e Coimbra.

---

[31] Ao que tudo indica, o próprio Romeu Silva reivindicou essa primazia, supondo que ninguém era mais indicado do que ele próprio para fornecer os dados informativos que constaram do programa do Festival de Música Brasileira realizado de 16 a 20 de outubro de 1940, no auditório do Museu de Arte Moderna de Nova York, onde se lia, conforme transcrição publicada na primeira parte do "Relatório Geral" assinado pelo Comissário-Geral do Brasil, Armando Vidal: "Em 1920, quando Romeu Silva organizou o seu conjunto, ele introduziu o saxofone alto no choro. Atualmente ele pode incluir até três saxofones. Em sua forma atual o choro conserva ainda a sua característica essencial, com um instrumento em solo predominando sobre o conjunto" (*O Brasil na Feira Mundial de Nova York de 1940*, Rio de Janeiro, Imprensa Nacional, 1942, volume 1, p. 290).

De Portugal a orquestra de Romeu Silva passou à Espanha, exibindo-se nos teatros Apolo, Rei Afonso, Ideal, Maxim's, Alcázar, Casa Blanca, Ritz e Istambul, em Madri, e logo em cidades como Barcelona, Vigo, Bilbao e San Sebastián.[32] Em Paris, meta de todos os artistas da época, tomando o nome de *Orchestre Brésilienne* e acrescentando alguns músicos franceses e norte-americanos aos remanescentes do grupo original — Luís Lopes (saxofone baixo), Al Pratt (saxofone alto), Mário Silva (pistão), Fernando (banjo e guitarra americana, então chamada uquelele, que era, afinal, o cavaquinho levado pelos portugueses para o Havaí) e Bibi Miranda (bateria) —, o conjunto de Romeu Silva, além de tocar na inauguração das corridas noturnas de Longchamp e na festa anual da Sûreté Générale, esta por convite do então presidente Albert Lebrun, figurava em 1931 como a orquestra preferida de Josephine Baker no Casino Paris. Após gravar com Josephine Baker alguns discos, entre os quais "J'ai deux amours" e "La petite tonkionoise", Romeu Silva tocou nos cabarés Grande Écart e Le Boeuf Sur Le Toit, em meio a excursões à Bélgica, Suécia, Noruega, Dinamarca, Suíça, Alemanha, Inglaterra e até ao Sião, hoje Tailândia. Na primeira volta ao Brasil, Romeu Silva não chega a esquentar o lugar: em 1932 o Brasil envia uma delegação de atletas aos Jogos Olímpicos em Los Angeles, e o esperto chefe de orquestra muda o nome do grupo para *Brazilian Olympic Band* e parte para lá.

Tal como tinha acontecido com a orquestra de Carlitos, as longas faltas de contato com o Brasil obrigavam Romeu Silva a repisar sempre o mesmo repertório, ou a tocar música de circuns-

---

[32] Em sua notícia sobre Romeu Silva, no citado volume 1 do *Panorama da música popular brasileira*, Ary Vasconcelos dá uma boa ideia da projeção alcançada na Europa pela orquestra de brasileiros ao escrever à página 164: "Ao som de sua orquestra, dançou-se no salão do Barão de Rothschild, na Maison Laffite e na de Rambouillet. Romeu tocou no baile do Pétit Le Blanc, na inauguração das corridas noturnas de Longchamp, tendo sido o grande nome da festa anual da Sûreté Générale, a convite do então presidente Albert Lebrun".

tância composta por ele ou pelos músicos da orquestra, nenhum deles representativo como compositor.[33] Desse fato, ligado à evidente acomodação de Romeu Silva aos ritmos estrangeiros modernos de caráter internacionalizante, pode-se depreender que, ao aproximar-se 1935, ano de sua volta ao Brasil, a orquestra enviada para fazer propaganda da música popular brasileira muito pouco teria de nacional.[34]

Reintegrados no meio brasileiro, Romeu Silva e sua orquestra internacional (pois além de alguns franceses ainda incluía o norte-americano Louis Cole, *crooner*, e Booker Pittman, saxofone alto e clarineta, que acabaram se radicando no Brasil) encaminharam-se naturalmente para o público internacional do Cassino da Urca, no Rio de Janeiro, onde puderam tocar ao lado do Bando da Lua e da cantora Carmen Miranda, que teriam a oportunidade de acompanhar a Buenos Aires.

De volta ao Brasil, após quase um ano na Argentina, Romeu Silva tocava novamente no Cassino da Urca quando, nos primeiros meses de 1939, a sua vocação de líder de orquestra internacional tornaria mais uma vez o seu nome lembrado pelo governo brasileiro para uma missão no exterior: o Brasil precisava animar com música o seu Pavilhão na Feira Internacional de Nova York, e lá partiu Romeu para os Estados Unidos em dois

---

[33] Isso seria testemunhado pelo cronista Caribé da Rocha, que chegou a escrever na sua crônica "Comentando", publicada no jornal *Correio da Noite*, do Rio de Janeiro, em 13/9/1939, notando a fraqueza do repertório de Romeu Silva e Carlitos no exterior: "Sambas e marchas compostos lá por quem não tinha um só êxito aqui como compositor. Alguns apresentaram-se pela primeira vez como tal".

[34] Caribé da Rocha, na crônica "Comentando" citada, lembrava como tentativa de solucionar esse problema da perda progressiva de característica brasileira por parte das orquestras que se mantinham muito tempo no exterior: "Não seria interessante o Departamento de Imprensa e Propaganda atentar um pouco neste fato e arranjar uma forma de distribuir orquestrações de nossos sambas e marchas pelos conjuntos que desejarem tocá-los no estrangeiro?".

aviões, nos dias 27 e 29 de abril de 1939, desta vez com novos músicos brasileiros, como Vadico (piano), Sut (bateria), Zacarias (sax alto e clarineta), Zé Carioca (violão), Ivã (pistão), Antônio Mineiro (trombone), Vicente La Falce (saxofone tenor), Luís Lopes (baixo), Vivi (saxofone alto) e Mário Silva (cantor).

A estreia da orquestra de Romeu Silva no Pavilhão Brasileiro da Feira Internacional de Nova York deu-se no dia 5 de maio de 1939. A julgar pela reação da imprensa norte-americana, nessa primeira viagem, e na segunda, já no fim de 1940, se o estilo americanizado e internacionalista não foi capaz de oferecer uma ideia perfeita do ritmo brasileiro, ao menos deve ter causado uma impressão bem melhor do que o único conjunto que tocava samba nos Estados Unidos naquele tempo: um conjunto de um bairro mexicano de Los Angeles, o Bamba Club, que, segundo a correspondente Daisy Sales, do semanário *Cine-Rádio-Jornal*, "tocava uma espécie de samba brasileiro, mas executado com todas as características da rumba".

De novo no Rio de Janeiro em início de dezembro de 1939, sem o pianista Vadico, que se integrou ao Bando da Lua e passou a acompanhar Carmen Miranda, Romeu Silva reiniciou o seu papel de líder de orquestra encarregada de acompanhar cantores internacionais contratados pelo Cassino da Urca, e de fazer dançar as elites ao som de músicas predominantemente estrangeiras.

O velho animador dos blocos de Eduardo Souto de 1920 desempenhava ainda, em 1940, a função de músico alugado ao gosto do público heterogêneo dos cassinos quando em fins de setembro o governo do Estado Novo voltou a contratar os seus serviços. Romeu Silva devia voltar aos Estados Unidos para tomar parte no Festival de Música Brasileira a realizar-se no Museu de Arte Moderna de Nova York de 16 a 20 de outubro de 1940.

Romeu Silva foi e, a julgar pelo comentário algo irônico do jornalista norte-americano Olin Downes, publicado no *New York Times* do dia seguinte, 17 de outubro, a impressão do primeiro espetáculo deve ter sido a de um caos muito semelhante ao que se verificaria 22 anos depois quando da apresentação da bossa nova no Carnegie Hall. Sob a direção-geral de Villa-Lobos e do maestro Walter Burle Marx, músicos de escola como Camargo Guarnieri, Lorenzo Fernández, Francisco Mignone e o pianista Bernardo Segall eram apresentados de cambulhada com a mulata americana Elsie Houston, nascida no Brasil por acaso, mas que dava entrevistas falando em nome da música brasileira e cantando canções folclóricas e populares, enquanto Vadico sentava-se ao piano para solar choros e Romeu Silva atacava o sucesso carnavalesco do ano no Brasil, a marcha "Passarinho do relógio", de Haroldo Lobo e Milton de Oliveira:

"Cuco, cuco, cuco,
O passarinho do relógio está maluco..."

O resultado foi o que o grosso do público gostou — pelo que se deduz da notícia de Olin Downes —, mas os críticos que tinham ido conhecer o tipo de música "fina" do Brasil ficaram decepcionados: "O programa procurou dar ênfase", escreveu o crítico, "aos elementos mais populares que compõem a música brasileira. Deve ser dito, entretanto, que o resultado foi desapontador. A maior parte da música era simplesmente do tipo cabaré, no estilo espanhol. Quanto mais parecida com a nossa música de cabaré, mais o público correspondia".

No *New York Sun*, também de 17 de outubro, outro comentarista, Oscar Thompson, concordava com o colega do *New York Times*, escrevendo que, "ao lado dos choros de Villa-Lobos, o programa produziu alguma música popular inócua", tocada pela orquestra de Romeu Silva, no Pavilhão Brasileiro da Feira Internacional, além de quatro grupos de canções cujos intérpretes foram tocados "sob a batuta saltitante de Romeu Silva e sua orquestra, já familiar a muitos dos visitantes da Feira Mundial de Nova York".[35]

---

[35] Comentário intitulado "Choros in Manhattan", publicado na revis-

Romeu Silva, como se vê, tinha cumprido a sua missão. Tal como o mesmo Olin Downes, do *New York Times*, havia escrito antes da apresentação das músicas brasileiras, a 13 de outubro de 1940, ele tinha contribuído para mostrar aos norte-americanos o "intrincado ritmo" da música popular brasileira. Só não poderia, naturalmente, tornar realidade a conclusão otimista que o mesmo crítico norte-americano fizera na ocasião ao escrever:

> "Como seus intrincados ritmos estão sendo melhor conhecidos, o samba está atingindo rapidamente o lugar que lhe cabe entre as formas de dança popular da América. Suas possibilidades de expansão, variação e evolução asseguram-lhe um futuro que não se abre para o caráter mais estático da conga e da rumba."[36]

Muito pelo contrário, a impossibilidade de o Brasil impor comercialmente o seu samba no mercado norte-americano, aliada à proximidade da matéria-prima das congas e rumbas do Caribe, ia fazer com que, nos anos seguintes, a famosa Carmen Miranda e o Bando da Lua, supostamente enviados aos Estados Unidos para cantar sambas, acabassem cantando e tocando rumbas industrializadas para glória e riqueza das gravadoras e dos estúdios norte-americanos.

De volta ao Brasil em 1941, Romeu Silva retomou ainda uma vez o seu posto à frente da orquestra no Cassino da Urca. Em 1946, quando o governo federal proibiu o jogo em todo o território nacional, acabando com os cassinos, a orquestra internacional de Romeu Silva ficou naturalmente sem lugar para tra-

---

ta *Time* de 28/10/1940. Reproduzido às páginas 363-4 de *O Brasil na Feira Mundial de Nova York de 1940*, volume 1, citado.

[36] Comentário intitulado "From Brazil — Music of South American Country at the Museum of Modern Art", publicado no *New York Times* de 13/10/1940, e reproduzido às páginas 326-30 do relatório *O Brasil na Feira Mundial de Nova York de 1940*, volume 1, citado.

balhar, e ele a dissolveu bradando aos músicos o "salve-se quem puder". Pessoalmente, Romeu Silva safou-se de maneira mediocremente brasileira: conseguiu um emprego de funcionário público municipal, no Rio de Janeiro, e aí morreu no dia 1º de maio de 1958. Como esse dia era feriado, ninguém tomou conhecimento da morte do maestro Romeu Silva, que foi enterrado dia 2 sem uma simples nota em jornal.

Com esse final melancólico da trajetória da orquestra de Romeu Silva, terminava, praticamente, o ciclo das excursões de brasileiros ao exterior da década de 1920. Os dois únicos nomes que poderiam ser citados não chegaram na verdade a tocar com alguma constância a música popular brasileira: Gastão Bueno Lobo (violão e guitarra havaiana), que foi à Europa com a orquestra norte-americana dos Chocolate Kiddies, em 1926,[37] e lá formou com o argentino Oscar Allemany a dupla Les Loups, voltando em 1936, e o saxofonista Luís Americano, que tocou de 1928 a 1930 em Buenos Aires, para onde foi levado também por um chefe de orquestra norte-americano, o baterista Gordon Streton, figuraram, apenas como músicos alugados ao *jazz* e aos ritmos de dança internacionais.[38]

Assim, depois de Romeu Silva, seria preciso esperar que os azares da guerra, obrigando o governo americano a formular a sua Política da Boa Vizinhança, levassem aos Estados Unidos as figuras da cantora Carmen Miranda e dos músicos do Bando da Lua para que, afinal, se abrisse uma nova fase de relações entre a música brasileira e o exterior.

---

[37] Em sua reportagem "A propaganda da nossa música popular", já citada, Brício de Abreu dá erroneamente a orquestra como "do negro Harry Flemming". O trombonista se chamava, na realidade, Herbert Flemming, e não era o chefe, mas um dos componentes do conjunto Chocolate Kiddies, dirigido pelo arranjador Sam Wooding, que também esteve na Argentina no ano de 1926.

[38] De volta ao Brasil, por sinal, Luís Americano formaria uma orquestra de *jazz*.

Era o início de uma série de lances de uma ingenuidade quase cômica envolvendo a esperança de exportar a música popular brasileira, compreendida agora dentro de um esquema oficial de propaganda montado pelo governo Getúlio Vargas, inclusive através de medidas agressivas como a compra de horários de rádio no exterior.

4.
O PAPEL DE CARMEN MIRANDA NA POLÍTICA DA BOA VIZINHANÇA E A CONQUISTA IDEOLÓGICA DA AMÉRICA LATINA PELOS EUA

> A Segunda Guerra Mundial e os objetivos profundos da Política da Boa Vizinhança — A *Hora do Brasil* na Rádio El Mundo de Buenos Aires — A música a serviço da propaganda do presidente Getúlio Vargas — Carmen Miranda e a política de aproximação dos EUA com as Américas — O aproveitamento ideológico das ilusões subdesenvolvidas e o papel de Walt Disney e do Departamento de Estado dos Estados Unidos — Os conselhos de Getúlio Vargas a Carmen Miranda — A exceção para a atuação dos músicos do Bando da Lua nos EUA e as suas razões de Estado — A primeira vitória de Carmen Miranda com a rumba "South American Way" — A contratação do violonista Garoto e o estilo jazzístico do Bando da Lua — Carmen Miranda em Hollywood a serviço da propaganda norte-americana dirigida.

A viagem de Carmen Miranda aos Estados Unidos, na qualidade de "embaixatriz da música popular brasileira", como sempre se escreveu, envolve um interessante capítulo das relações político-econômicas dos Estados Unidos com os países da América Latina, particularmente com o Brasil. Àquela época, o crescimento da indústria norte-americana, tendo superado as necessidades do mercado interno, aliado à perspectiva de uma longa retração do mercado internacional provocada pela Segunda Guerra Mundial, tinha levado o governo norte-americano a romper com o isolacionismo. Por uma lógica da geopolítica — tão valorizada aliás, naquele mesmo momento, pelo nazismo — o mercado em potencial que melhor se oferecia para a indústria dos Estados Unidos era o dos países das Américas Central e do Sul, que exportavam as matérias-primas necessárias a essa arrancada de enriquecimento destinada a elevar os Estados Unidos às alturas de nação mais poderosa do mundo, sobre os destroços da guerra.

A exportação da imagem do Brasil, embora subdesenvolvido — que Carmen Miranda equilibrava na cabeça, em seu tabuleiro estilizado, sob a forma de bananas e outros produtos tropicais —, correspondia a uma necessidade de propaganda da ditadura recentemente instalada. A situação europeia obrigava os países sul-americanos a uma tomada de consciência de suas possibilidades ante o abrandamento das rédeas do capital europeu, mais preocupado continentalmente com a preparação da guerra, o que abria campo à tentativa de liderança interna, principalmente por parte da Argentina e do Brasil. Dessa coincidência de interesses nasceria, pois, o sucesso da Política da Boa Vizinhança lançada pelos Estados Unidos.

O primeiro chefe de Estado das Américas a montar uma máquina de propaganda para promover o seu governo no interior e no exterior foi o brasileiro Getúlio Vargas. Como sua condução ao poder tinha constituído, na realidade, uma revolta da classe média urbana contra as oligarquias rurais, com apoio geral das massas trabalhadoras do campo e das cidades, toda a propaganda deveria ser logicamente dirigida a essas camadas, e nesse sentido não havia melhor arma do que a música popular.

O futuro ditador Getúlio Vargas compreendeu essa verdade ainda antes da implantação do chamado Estado Novo. De fato, quando em 1935 o então presidente Getúlio Vargas resolveu retribuir as visitas ao Brasil dos presidentes Agustín Justo, da Argentina, e Gabriel Terra, do Uruguai, a sua comitiva incluía, pela primeira vez na história, um grupo de artistas de música popular. Esses artistas, encarregados de dar cobertura à simpatia do sorriso do presidente, por meio da mensagem otimista de um povo alegre e esfuziante de vida e de ritmo, eram, nada mais, nada menos, do que a cantora Carmen Miranda (uma portuguesinha filha de imigrantes, que trocara o artesanato caseiro da confecção de chapéus de senhoras pela sedução do disco e do rádio), e o conjunto intitulado Bando da Lua, definido numa reportagem da época como "um grupo de rapazes de sociedade, estudantes na quase totalidade", transformado sem querer num "elemento de aproximação mais intensa entre os povos diferentes".[39]

O resultado da experiência pareceu tão promissor ao presidente Getúlio Vargas que, tão logo se tornou ditador pelo golpe de 10 de novembro de 1937, algumas de suas primeiras medidas no campo da propaganda dirigida aproveitariam o poder de comunicação de massa da música popular. Uma dessas medidas, tomadas logo no segundo ano do Estado Novo, foi a criação, na Rádio El Mundo, de Buenos Aires, de uma *Hora do Brasil*, programa semelhante ao instituído no Brasil, com caráter de transmissão nacional obrigatória, pelo Departamento de Imprensa e Propaganda (DIP).

Nessa *Hora do Brasil*, da Argentina, que ia ao ar às 21h30 das quartas-feiras e dos sábados, e custava aos cofres brasileiros 18 mil pesos por mês, artistas recrutados na própria cidade de Buenos Aires, para baratear a produção, divulgavam sambas e marchas nos intervalos das notícias de interesse do governo de Getúlio Vargas.

A experiência, em si, como tentativa de exportação de cultura popular (embora com interesse restrito de propaganda), era realmente revolucionária, mas já nascia prejudicada por um pecado do subdesenvolvimento: como o dinheiro era pouco, só havia dois brasileiros na parte artística — o cantor Amorim Filho e um tocador de pandeiro —, constituindo os demais elementos o que o Consulado do Brasil em Buenos Aires chamava, na época, de *legião estrangeira*.

---

[39] "O Bando da Lua convidado a visitar Londres", *Cine-Rádio-Jornal*, 2/3/1939, pp. 3-4. Depois dessa viagem na comitiva oficial o Bando da Lua voltou à Argentina, em 1938, iniciando uma excursão que se estendeu ao Uruguai e ao Chile. O convite para a apresentação em Londres foi feito por um inglês, Harry Roy, na Argentina, mas não chegou a se realizar em consequência da ida do conjunto para os Estados Unidos.

O samba agora vai...

Segundo relataria o radialista Armando Louzada, escrevendo de Buenos Aires para o semanário *Cine-Rádio-Jornal*, de Celestino Silveira, no início de maio de 1940, "a orquestra, repleta de cavalheiros premiados pelos Conservatórios Nacionais de Música", tocava números de música brasileira "em tal ritmo que só com o passo de ganso se poderá fazer qualquer movimento de dança". E acrescentava: "Ouvi ontem a 'Aquarela do Brasil' e lembrei-me do meu tempo de liceu, quando parava na Rua da Carioca para ouvir a Banda Alemã tocar a marcha prussiana". E adiante: "O maestro chama-se Hermann. O pianista, Leon. O violinista é russo, os saxofones, argentinos, outros italianos e até um polaco, penso, existe que faz parte da orquestra que faz a *Hora do Brasil*".[40]

Antes de Armando Louzada, o cronista de rádio Caribé da Rocha, que então mantinha uma coluna bem informada e de orientação muito nacionalista no jornal *Correio da Noite*, do Rio de Janeiro, já havia levantado o problema da má qualidade dos artistas da *Hora do Brasil* da Argentina (onde o ator português Luís Barreiras, que trabalhara alguns meses no Rio e em São Paulo, era chamado *Alma do Brasil*), citando a opinião de Ary Barroso, segundo a qual a orquestra estava "longe de tocar a verdadeira música do nosso povo". E concluía fazendo esta sugestão: por que o DIP não enviava à Argentina orquestras semelhantes, como a de Fon-Fon, e cantores como Dircinha Batista, Francisco Alves, Sílvio Caldas, Odete Amaral, Orlando Silva, Carlos Galhardo, Trio de Ouro, Joel e Gaúcho e outros do mesmo valor?

"Esta gente", escrevia Caribé da Rocha, "é que deveria ser enviada periodicamente a Buenos Aires para atuar na *Hora do Brasil* da Rádio El Mundo. Seria um ótimo, um excelente meio de fazer propaganda da nossa música, quer folclórica, quer das mais popularizadas, como sejam o samba e a marcha. Permitam os

---

[40] "A *Hora do Brasil* em Buenos Aires", correspondência de Armando Louzada, especial para o *Cine-Rádio-Jornal* de 16/5/1940, p. 5.

fados que a nossa sugestão seja bem-vista pelos Drs. Júlio Barata e Lourival Fontes, porque só assim não teremos canastrões cantando nossas músicas, nem estrangeiros deturpando nossas melodias com suas orquestras sem o nosso ritmo característico."[41]

A sugestão estava destinada a ficar sem resposta, e a própria *Hora do Brasil* na Argentina não devia ir muito adiante. Internamente, porém, o horário de propaganda do governo contribuía de maneira inatacável para a divulgação da melhor música popular brasileira do momento, através da inclusão diária de números com aqueles artistas lembrados por Caribé e ainda outros, os quais recebiam todos, pontualmente, os seus cachês do DIP. Claro está que, como o governo precisava de ouvintes para suas notícias, esse prestígio a artistas populares tinha um interesse político, mas, de qualquer forma, permitia fazer ouvir pela cadeia de emissoras que já abrangia todo o Brasil um pouco de música realmente popular, como a do programa que Caribé da Rocha comentaria na sua seção de 13 de abril de 1939:

> "Na *Hora do Brasil* de ontem o trio Dalva de Oliveira-dupla Preto e Branco apresentou um interessante arranjo de 'Preta do Acarajé', de Dorival Caymmi. Dalva cantou muito bem a parte que foi gravada por Carmen Miranda."

Como se pode verificar, quando em 1939 a participação do Brasil na Feira Mundial de Nova York exigiu a apresentação do produto *música popular*, o governo Getúlio Vargas sabia muito bem a importância que os artistas do povo poderiam assumir como fator de propaganda. Muito coincidentemente, ante a necessidade de uma aproximação simpática com os mercados que se preparava para açambarcar, o governo dos Estados Unidos também começava a compreender a importância de abrir as por-

---

[41] Caribé da Rocha, crônica "Comentando...", *Correio da Noite*, Rio de Janeiro, 25/4/1940.

tas para esses artistas. Foi dessa convergência de interesses que resultou o apoio dado à viagem de Carmen Miranda e do Bando da Lua pelo governo brasileiro e pelo Departamento de Estado norte-americano.

A atração pelos Estados Unidos nos meios de rádio começara anos antes, como resultado do sucesso dos filmes musicais de Hollywood e da avalanche de discos comerciais de música de dança que as gravadoras americanas — a RCA Victor, principalmente — começavam a lançar no mercado brasileiro. Nova York, a grande meca dos próprios músicos norte-americanos, ia pouco e pouco aparecendo também para os artistas populares brasileiros como o ponto culminante de qualquer carreira profissional. Sem falar na perspectiva de figurar num filme de Hollywood, o que era considerado então uma dádiva dos deuses, dificilmente conferida a todos.

Cronologicamente, o primeiro compositor e instrumentista brasileiro a tentar a sorte individualmente nos Estados Unidos foi o violonista Henrique Brito. Tendo partido em 1932 pelo navio brasileiro *Itaquicé*, como membro da *Brazilian Olympic Band*, de Romeu Silva, que seguia com a delegação brasileira aos Jogos Olímpicos em Los Angeles. Henrique Brito — segundo conta Almirante no seu livro *No tempo de Noel Rosa* — sem mesmo falar uma palavra de inglês, deixou-se ficar nos Estados Unidos um ano e pouco, depois de tomar uma resolução típica do seu temperamento aloucado: na hora de o navio partir de volta para o Brasil, desceu a terra dizendo ter esquecido o violão num bar, e só apareceu de volta no Rio de Janeiro em junho de 1933.[42]

Nesse meio-tempo não se sabe sequer como Henrique Brito viveu nos Estados Unidos, mas se alguma vantagem resultou da sua aventura, o benefício não foi para a música popular brasileira, e sim para a norte-americana. Segundo conta ainda Almirante, Henrique Brito, muito impressionado desde 1929 com efeitos

---

[42] Almirante, *No tempo de Noel Rosa*, Rio de Janeiro, Livraria Francisco Alves, 1963, p. 46.

do cinema sonoro, pensava na possibilidade de ampliar o som das cordas do violão, o que só poderia ser conseguido por meio de alguma aparelhagem elétrica. Pois quando o violonista chegou de volta ao Brasil, em 1933, vinha sobraçando o primeiro violão elétrico de que se tem notícia: Henrique Brito tinha comunicado a sua ideia a um fabricante de instrumentos musicais de San Francisco, e ignorando qualquer ideia de patente, contentara-se em ganhar o primeiro exemplar do instrumento fabricado segundo a sua concepção.[43]

De 1933, quando terminou essa aventura isolada de Henrique Brito, até 1938, quando Carmen Miranda manifestou publicamente, pela primeira vez, o seu desejo de tentar a sorte nos Estados Unidos, o prestígio da música norte-americana transformou a ideia de viajar para Hollywood e Nova York numa verdadeira obsessão nos meios do rádio brasileiro.

Em 1939, finalmente, quando se anunciou que o Brasil participaria mesmo da Feira Mundial de Nova York (o Brasil custou a aderir, ficou em 17º lugar na lista, e só pôde organizar seu pavilhão em meados de 1939, ocupando a vaga da Venezuela), a disputa para conseguir lugar na delegação de artistas brasileiros, por conta do governo, ganhou a dimensão de uma comédia.

Os meios do rádio entraram em ebulição, e a movimentação chegou a tal ponto que o cronista Caribé da Rocha poderia escrever na sua seção "Comentando...", da coluna "Falando a todo mundo", publicada no jornal *Correio da Noite* de 21 de abril de 1939: "No meio radiofônico o assunto do momento é a Feira Internacional de Nova York. Não se fala em outra coisa. Todos

---

[43] Almirante, *op. cit.*, pp. 46-7, reporta-se a uma entrevista concedida por Henrique Brito ao jornal O *Globo*, do Rio de Janeiro, de 14/6/1933, afirmando que o industrial "guardou para si a patente", o que parece uma conclusão um pouco apressada, mas não de todo destituída de fundamento: uma pesquisa de anterioridades na repartição de patentes dos Estados Unidos poderia, eventualmente, pela coincidência de datas e local de depósito do pedido de patente, vir a confirmar essa versão da origem brasileira do violão elétrico.

têm as suas pretensões e 'castelos'. A finalidade é sempre a mesma: ir aos Estados Unidos, exibições na capital e depois um contrato para o resto da vida na mais importante capital das Américas. Assim pensa o faxineiro, o contrarregra, o locutor, o artista, o cantor e até — quem, sabe? — o humorista".

Evidentemente, o que os artistas ligados à música popular brasileira não podiam saber é que, já àquela altura, seu entusiasmo coincidia com altos interesses do governo norte-americano. A conquista dos mercados centro e sul-americanos pelas novas indústrias dos Estados Unidos — entre as quais a do cinema e a do disco alcançariam em pouco tempo um lugar relevante — mostrava aos especialistas criadores da chamada Política da Boa Vizinhança que bastava emprestar nesses setores uma direção devida à ação do poder econômico, e a conquista seria dupla: econômica e ideológica.

O primeiro sintoma dessa decisão deliberada se fez sentir no Brasil quando, em fins de agosto de 1938, começaram a aparecer os anúncios do desenho animado de longa-metragem *Branca de Neve e os Sete Anões*, produzido pelo artista e chefe de empresa Walt Disney, logo convocado para servir ao Departamento de Estado do governo Roosevelt. O desenho era dublado em português por artistas brasileiros, o que constituía o primeiro passo para o refinamento da dominação ideológica, considerando o alcance que essa medida tomava num país de maioria de população analfabeta.

Ao mesmo tempo, e para dar a impressão de uma reciprocidade que a contratação de Carmen Miranda e do Bando da Lua reforçaria, a propaganda do governo americano criava internamente um clima de tamanha simpatia para com os povos latino-americanos — até então ignorados — que algumas músicas brasileiras chegavam a ser gravadas e a fazer sucesso nos Estados Unidos. Um exemplo clássico seria o da marcha "Mamãe eu quero", lançada por Vicente Paiva no Cassino da Urca em 1937, que, levada aos Estados Unidos em arranjo de uma orquestra americana, que tomara conhecimento da música durante temporada no Rio, alcançaria nada menos que oito gravações americanas até 1940, quando Carmen Miranda foi forçada a incluí-la também em seu repertório, por exigência do próprio público.

Ao lado de "Mamãe eu quero" — ainda tocada nos Estados Unidos com regularidade, como um clássico exótico —, o compositor Milton de Oliveira, parceiro de Haroldo Lobo, dava conta em janeiro de 1939 que o samba "Sabiá-Laranjeira", da mesma dupla, já tinha uma versão norte-americana, e seu editor, Vitale, lhe comunicava que o samba "Juro" seria aproveitado como fundo musical de um filme de Hollywood baseado num romance americano.[44]

Assim, quando numa entrevista publicada em *Cine-Rádio-Jornal* de 10 de novembro de 1938, sob o título "Carmen Miranda quer ir a Hollywood", a cantora dava a entender a possibilidade de uma excursão artística aos Estados Unidos, isso vinha levantar o véu sobre uma série de negociações de bastidores, que nem a própria artista podia alcançar.

De fato, quando Carmen Miranda, então com 27 anos, declarava nessa entrevista que se sentiria feliz de ir aos Estados Unidos, se pudesse voltar com a glória de ter sido a "introdutora definitiva da música popular brasileira na terra de Roosevelt",[45] ela já estava, na realidade, na mira dos interesses norte-americanos. É que, ao falar assim com otimismo da hipótese de cantar nos Estados Unidos, Carmen Miranda deixava transparecer o seu entusiasmo por um contrato que lhe fora oferecido reservadamente pelo grupo Byington, dono da PRA-3, Rádio Clube do

---

[44] Entrevista concedida ao *Cine-Rádio-Jornal* de 19/1/1939. Milton de Oliveira dava conta ainda que o samba "Não tenho lágrimas" "vendeu seis mil exemplares, a maior parte dos quais passou as nossas fronteiras".

[45] Carmen Miranda, por sinal, revelava nessa mesma entrevista considerar essa viagem o ponto culminante da sua carreira, e afirmava: "eu gostaria agora de ir aos Estados Unidos, atuando nos *night clubs*, em algumas estações de rádio e, tornando ao nosso Brasil, encerrar então a minha carreira artística".

Brasil, e no qual se previa uma cláusula aumentando o valor do contrato em 50% toda vez que o contratante a levasse a cantar no exterior. Ora, como exatamente nesse ano o grupo Byington havia se tornado representante da Columbia Broadcasting System no Brasil, a cláusula e a entrevista significavam que a contratação para cantar nos Estados Unidos já era coisa praticamente decidida. No caso de Carmen Miranda, a sua contratação direta pelo empresário Lee Shubert, da Broadway, quando o governo brasileiro também já cogitava do seu nome para integrar a delegação artística ao Pavilhão Brasileiro da Feira de Nova York, atrapalhou os planos da Columbia e do grupo Byington, e a cantora continuou a apresentar-se na Rádio Mayrink Veiga e a gravar na Odeon. Já no caso do cantor Francisco Alves, entretanto, a manobra deu certo: contratado pelo grupo Byington, ele passou imediatamente da Odeon para a Columbia, chegando a anunciar também a possibilidade da sua viagem aos Estados Unidos, afinal nunca realizada.[46]

Quando o semanário *Cine-Rádio-Jornal*, de Celestino Silveira, anunciou em furo de primeira página, a 16 de março de 1939 — "Carmen Miranda em Nova York" —, a surpresa não foi muito grande: "Sabemos de fonte autorizada", dizia a pequena notícia, "ter Carmen Miranda recebido comunicação telegráfica de lhe haver sido endereçada, via aérea, uma proposta-con-

---

[46] A entrevista em que Francisco Alves revelava ter sido convidado duas vezes para exibir-se nos Estados Unidos foi publicada — nada por coincidência — no mesmo número de *Cine-Rádio-Jornal* de 10/11/1938 em que Carmen Miranda falava da mesma hipótese como de um sonho. Francisco Alves, porém, embora negando qualquer relação com o contrato assinado com o grupo Byington, deixava antever a perspectiva de forma mais direta, ao dizer: "Pois bem. Não consegui divisar no contrato ponto que possa conduzir a essa conclusão. Ele me assegura uma ótima remuneração com mais 50% quando me seja exigido [sic] afastar-me do Rio, tendo então estada e todas as despesas pagas. Mas deixe-me confessar: se me apresentar assim uma oportunidade de ir aos Estados Unidos dar-me-ei parabéns".

trato para estrear nos Estados Unidos, provavelmente na Feira Internacional de Nova York".

A notícia era verdadeira, e representava o ponto culminante de uma conversa iniciada um mês antes no Cassino da Urca, onde a cantora já se exibia vestida de baiana, ganhando quatro contos de réis por mês para divertir um público cosmopolita, fascinado pelos seus turbantes exóticos, seus tamancos de 10 centímetros de altura, suas figas e balangandãs, e seus meneios de mãos e revirar de olhos.

No início de fevereiro de 1939, o mesmo transatlântico *Normandie* em que viajara a patinadora norueguesa Sonja Henie, contratada para algumas apresentações no Cassino da Urca, trazia ao Rio o empresário de comédias musicadas da Broadway, Lee Shubert. Segundo se noticiou na época, Sonja Henie estava na mesma mesa de Shubert, assistindo ao número de Carmen Miranda na Urca, quando este lhe comunicou seu propósito de contratar a cantora brasileira. Carmen Miranda cantava nesse momento o sucesso da época, o samba "O que é que a baiana tem?". Tão logo terminou, Sonja Henie estava tão entusiasmada que teria exclamado: "Se não a levares, quem a leva sou eu!".[47]

O diálogo serve, antes de mais nada, para mostrar que Lee Shubert tinha vindo ao Brasil devidamente informado das qualidades e possibilidades artísticas de Carmen Miranda. A Broad-

---

[47] A admiração de Sonja Henie por Carmen Miranda foi de fato tão grande que, segundo revelou Caribé da Rocha em sua crônica "Comentando...", publicada no jornal *Correio da Noite*, do Rio de Janeiro, em 22/4/1939, a patinadora, ao voltar pelo navio *Normandie*, ganhou um concurso de fantasias realizado a bordo "vestindo uma baiana oferecida por Carmen Miranda". O episódio serve para mostrar como a essa altura a propaganda norte-americana já condicionava o público à aceitação simpática dos "exotismos" sul-americanos. Aliás, o que Sonja Henie não sabia é que Lee Shubert vinha ao Brasil especialmente para conhecer Carmen Miranda, pois tinha sido alertado pelo amigo, Claude Pritchard Greneker, residente há dois anos no Rio de Janeiro, da grande popularidade da cantora brasileira em vários países da América do Sul.

way não podia deixar de refletir o interesse pelos sul-americanos despertado pela Política da Boa Vizinhança do secretário de Estado Cordell Hull, e que tinha no Sr. Nelson Rockefeller o braço ativo na presidência da Comissão Coordenadora das Relações Comerciais e Culturais dos Estados Unidos com as demais nações americanas, "órgão supremo no assunto e atento observador das atividades dos países americanos", no dizer do comissário-geral do Brasil na Feira de Nova York, Sr. Armando Vidal.

A necessidade política, para os Estados Unidos, de um intercâmbio cultural e artístico com os países das Américas acentuava-se naquela época como uma condição para a remoção das dificuldades de relações que resultava de *"some of the mutual suspicious and especially the Latin-American suspicion of yankee imperialism"* ("algumas suspeitas mútuas e especialmente a suspeita latino-americana do imperialismo ianque"), como escrevia o jornal *Gazette*, de Schenectady, estado de Nova York, de 14 de novembro de 1940.

Por trás de tudo isso, os Estados Unidos precisavam de permissão para estabelecer bases militares em territórios de países sul-americanos, e o Brasil — com sua maior fonte de divisas, o café, ameaçado pelo fechamento dos mercados europeus — precisava de um aumento de cota de exportação que apenas os norte-americanos podiam conceder.

Só essa coincidência de interesses de governo, aliás, seria capaz de explicar o sucesso das negociações para a remoção de um empecilho de ordem legal, surgido com a exigência de Carmen Miranda em cantar nos Estados Unidos acompanhada pelo Bando da Lua. Naquele início de 1939 havia nada menos que 14 mil músicos desempregados em Nova York, e para evitar o agravamento da situação uma lei impedia os cantores estrangeiros de se apresentarem com suas próprias orquestras. Como, porém, o contrato com Lee Shubert previa a cessão de Carmen Miranda para apresentações com o Bando da Lua no Pavilhão Brasileiro da Feira de Nova York, a fim de atender a interesses de propaganda do governo brasileiro, elementos do governo norte-americano manobraram nos bastidores, e o Sindicato dos Músicos de Nova York aceitou afinal uma ficção legal: o Bando da Lua passaria a ser considerado *um número*, e não *uma orquestra*, e o empresário Lee Shubert se obrigava a contratar músicos americanos no mesmo número de elementos do conjunto brasileiro, pagando-os para não tocar.[48]

A contratação de Carmen Miranda pelo empresário Lee Shubert, no mesmo momento em que o governo brasileiro começava a providenciar a escolha de nomes para representar a arte e a música erudita e popular brasileiras na Feira Mundial de Nova York, acendeu o nacionalismo mais delirante nos meios do rádio e da imprensa.

Acreditava-se que havia chegado o momento da conquista do mercado norte-americano pela música brasileira, e o próprio presidente Getúlio Vargas fez questão de receber e conversar com Carmen Miranda e com os músicos do Bando da Lua na cidade mineira de Caxambu, na penúltima semana de abril de 1939.

Foi durante esse encontro com Getúlio Vargas, aliás, que o matreiro ditador fez ver a Carmen Miranda que devia insistir no concurso dos músicos do Bando da Lua, se queria realmente divulgar o ritmo brasileiro nos Estados Unidos, e não ser aproveitada apenas como uma artista capaz de impressionar pelo exotismo das fantasias e a exuberância da gesticulação. A revelação dessa conversa pessoal com o presidente do Brasil foi feita em entrevista concedida pela própria cantora ao repórter Henry C. Pringle, da revista *Colliers*, que reproduziria as palavras de Carmen Miranda ao escrever: "O presidente do Brasil — disse ela

---

[48] Essas informações constam de uma correspondência enviada de Nova York por Osvaldo Éboli, um dos componentes do Bando da Lua, e publicada pelo semanário *Cine-Rádio-Jornal*, de 8/6/1939, sob forma de reportagem com o título "Samba, peru com farofa, Carmen e o Bando da Lua na World's Fair". Nessa mesma reportagem, por sinal, Osvaldo Éboli ainda comentava, embora atribuindo o fato ao encanto pessoal de Carmen Miranda: "Carmen Miranda está tendo uma publicidade 'grátis' que não é comum aqui".

por meio do intérprete — não acha prudente que eu vá sem minha própria orquestra".[49]

Colocado o problema em nível de interesse de propaganda oficial do Brasil, a dificuldade da participação do Bando da Lua ia ser superada, como se viu, mas isso nada valeria de positivo para o Brasil: por uma incrível ironia, pelo mesmo navio *Uruguai* em que partiram Carmen Miranda e o Bando da Lua, no dia 4 de maio de 1939, chegava dos Estados Unidos o filho do ditador brasileiro, o jovem Getúlio Vargas Filho, anunciando com entusiasmo a novidade do *swing*.[50]

Na verdade — embora sempre se tenha preferido ignorar essa realidade —, os 15 anos de sucesso que estavam destinados a Carmen Miranda nos Estados Unidos jamais representaram uma vitória da música popular brasileira. A própria cantora, em entrevista concedida dias antes de embarcar, explicaria sua contratação individual por Lee Shubert como uma consequência da sua maneira exótica de apresentar-se no palco:

"Tenho a impressão", disse Carmen Miranda, referindo-se ao empresário norte-americano, "de que achou interessante a minha maneira, e julga que eu resultarei interessante cantando *foxes* como lhe pareci cantando sambas. Todos os meus esforços concentram-se, pois, num objetivo: tirar partido disso, lançando de verdade a música popular brasileira nos Estados Unidos, como já fiz nas repúblicas platinas. Mostrar, enfim, ao povo de lá, o que é o Brasil na realidade, pois como você sabe o juízo formado ainda é muito falso."[51]

---

[49] A reportagem, sob o título "A garota do Brasil", foi reproduzida pela revista *O Cruzeiro*, do Rio de Janeiro, em 14/10/1939, em tradução integral que ocupou as páginas 16, 17, 24, 32, 48 e 56.

[50] "O *swing* na Guanabara", *O Cruzeiro*, Rio de Janeiro, 22/7/1939, pp. 24-5 e 28.

[51] "Carmen Miranda quase entrou para um convento", entrevista concedida a Celestino Silveira e publicada no semanário *Cine-Rádio-Jornal* de

Embora Carmen Miranda tentasse, realmente, impor o seu repertório original (seis dias antes de deixar o Brasil ainda gravou com Dorival Caymmi a cantiga "Roda pião"), bastaria a sua estreia em Nova York para mostrar a inocência das suas intenções. Nessa noite de 16 de junho de 1939, uma sexta-feira, Carmen cantou, pela ordem, o samba "O que é que a baiana tem?", a marcha "Touradas em Madri", o motivo de folclore transformado em batucada "Bambu-Bambu" e a rumba "South American Way", que seria o seu primeiro sucesso nos Estados Unidos.

Na verdade, além de começar pagando tributo a uma das primeiras criações industriais norte-americanas da Política da Boa Vizinhança no campo da música popular, Carmen Miranda seria levada a funcionar, desde logo, como cabeça de ponte de sucessos *internacionais* no Brasil: um mês e dias depois dessa sua estreia em Nova York, já a cantora de sambas Aracy de Almeida anunciava a gravação, no Rio de Janeiro, da mesma rumba "South American Way", aproveitando a voga do sucesso da música fabricada nos Estados Unidos para fins de lisonjear, de uma vez só, centro e sul-americanos.

O embarque de Carmen Miranda às 10 horas da noite da quinta-feira, 4 de maio de 1939, entretanto, tinha provocado cenas de um fervor nacionalista comovente. Enquanto os lenços acenavam no cais do porto do Rio de Janeiro, pareciam ecoar ainda as palavras do locutor César Ladeira, três dias antes, na festa de despedida oficial da cantora realizada no auditório da Rádio Mayrink Veiga:

> "Contratada diretamente, sem nenhum empenho particular de quem quer que seja, apenas pelo valor pessoal, pelo valor indiscutível da sua arte incompará-

---

4/5/1939, pp. 8-9. No mesmo dia em que saía essa entrevista Carmen Miranda embarcava para os Estados Unidos, às 10 horas da noite, viajando pelo navio *Uruguai*, da Frota da Boa Vizinhança.

vel, Carmen Miranda vai levar a música do Brasil em sua expressão mais encantadora para a Broadway — vai dar seu nome, para alegria nossa, ardendo num incêndio colorido de anúncios luminosos da Ilha de Manhattan..."

A emoção era tanta que Carmen Miranda — cujo último número nessa festa de despedida fora, muito simbolicamente, a composição intitulada "Adeus, batucada" — tentou ler uma pequena fala que trazia escrita num papel, mas começou a chorar, e não conseguiu chegar ao fim do texto em que dizia: "Lá no meio daquela gente amiga, eu exibirei a cadência alegre da música brasileira".

Tudo para começar consagrando uma rumba cantada em mau inglês, que era obrigada a aprender em caráter intensivo com Zacharias Iaconelli, um aventureiro que deixara o Brasil para acabar cenógrafo em Hollywood.

É verdade que, por decisão sua, a cantora levava o grupo de músicos brasileiros do Bando da Lua para garantir a autenticidade do ritmo dos sambas que pretendia mostrar aos norte-americanos. E ainda mais: quando menos de três meses depois da chegada aos Estados Unidos os integrantes do Bando da Lua se desentenderam, e o violonista Ivo abandonou o conjunto voltando ao Brasil no início de agosto, é Carmen Miranda quem liga o telefone internacional e chama o violonista Garoto para ocupar o lugar, pagando a passagem do seu bolso e garantindo um contrato inicial de quatro contos de réis por mês. Escolha tão acertada que os norte-americanos passariam a destacar imediatamente Garoto colocando-o no palco logo atrás da cantora, e intitulando mais tarde o primeiro *long-playing* de Carmen Miranda na Decca: *Carmen Miranda com o Bando da Lua e Garoto*.

Que papel representavam porém os integrantes do Bando da Lua e o violonista Garoto em relação à música popular brasileira da época? Teriam, ao menos eles, a quem se entregava a parte do ritmo nas apresentações de Carmen Miranda, garantido a dose de brasilidade que era impossível à cantora conseguir sozinha, em face das imposições dos *scripts* da Broadway? A julgar pelo levantamento da carreira e da formação desses músicos, não foi isso o que aconteceu, mas, pelo contrário, ainda se pode afirmar que o sucesso de todos eles, nos Estados Unidos, ocorreu na medida em que a influência da música norte-americana já os habilitava a adaptar os sambas que tocavam ao estilo mais próximo do *jazz*.

De fato, segundo revelava o colunista Caribé da Rocha em sua crônica de 8 de maio de 1939 da seção "Fatos e boatos" do jornal carioca *Correio da Noite*, "o Bando da Lua, quando na Nacional, irradiava um quarto de hora de música americana e um quarto de hora de música brasileira".

Nessa mesma crônica, aliás, comentando o ridículo da orquestra de uma rádio carioca, que ao receber a visita de um oficial de Marinha norte-americana aproveitara para exibir suas qualidades tocando em sua homenagem o *fox* "Caravan", Caribé da Rocha já podia fazer uma previsão que valeu por uma profecia: "E quem sabe se eles, chegando aos Estados Unidos", escreveu referindo-se ao Bando da Lua, "não vão fazer o mesmo?".

Na verdade, caberia ao próprio Caribé comentar, 20 dias depois, que não foi outra coisa o que aconteceu na primeira exibição pública do Bando da Lua nos Estados Unidos. Chegados a Nova York no dia 17 de maio de 1939, a tempo de comparecer à inauguração do restaurante do Pavilhão do Brasil na Feira Internacional (onde se preparava uma festa julgada tão importante para fins de propaganda que o DIP chegou a retransmitir parte do programa em ondas curtas para o Brasil), os músicos acompanhadores de Carmen Miranda não fizeram por menos:

"Completando a notícia anterior a esta", escrevia Caribé da Rocha relatando o episódio, visivelmente indignado, "diremos que a Orquestra de Romeu Silva tocou 'É bom parar (Por que bebes tanto assim, rapaz?)', 'Eu não te dou a chupeta' e 'Madalena'. O Bando da Lua — ah! o Bando da Lua... — executou um *fox*!!!"

Essa crônica, da seção "Comentando" do dia 30 de maio de 1939, merece ser reproduzida hoje como um documento, fazendo com isso justiça ao mesmo tempo ao colunista Caribé da Rocha, que tão esclarecidamente denunciava uma subserviência cultural depois tão largamente cultivada pela maioria dos chamados artistas internacionais do Brasil:

> "Em dois comentários que fizemos nesta seção — um este mês e o outro no próximo passado — tivemos ocasião de falar sobre a viagem do Bando da Lua e da orquestra de Romeu Silva aos Estados Unidos. Em ambas manifestamos o receio que tínhamos das exibições dos dois conhecidos e apreciados conjuntos. Este receio, porém, não se referia à técnica — digamos assim — com que se apresentariam os nossos patrícios, mas, sim, quanto ao gênero de música que selecionariam. Chegamos mesmo ao ponto de nos permitirmos a liberdade de dar conselhos a quem não nos havia pedido. Fizemos ver que iam para a terra do *fox* e que, por conseguinte, nem deviam pensar em executar outra música que não a nossa. A Romeu Silva parece que o aviso serviu. Mais velho no assunto, maior experiência, o aplaudido maestro fez o que disséramos. Quanto ao Bando da Lua, porém, a coisa foi inevitável. A veleidade daqueles rapazes levou-os a executar música americana em plena Feira Internacional de Nova York, durante a inauguração do restaurante do Pavilhão Brasileiro. O Departamento de Propaganda, que custeou a passagem destes moços, deveria tomar enérgicas providências para que tal fato não se reproduzisse, uma vez que eles só foram aos Estados Unidos fazer propaganda do nosso país. É isto que esperamos do Dr. Lourival Fontes, atendendo-se a que ainda está em tempo de evitar-se nova manifestação de pouca habilidade

— para sermos delicados — dos componentes do Bando da Lua."⁵²

O que o cronista Caribé da Rocha não chegaria a perceber na época era que, no fundo, tanto os componentes do Bando da Lua quanto os violonistas Garoto, Laurindo e Zezinho, que logo viajaram também para os Estados Unidos, já eram mais músicos norte-americanos do que brasileiros.

Realmente, desde o início de 1939, Laurindo, Garoto e Zezinho — este último foi incorporar-se à orquestra de Romeu Silva em Nova York a 29 de abril desse ano — já mantinham, na Rádio Mayrink Veiga, um trio especialista em música norte-americana denominado Violões Dinâmicos. Esses três violonistas, juntamente com Tute, tinham sido por sinal os primeiros a trocar os violões convencionais pelos elétricos, que chegavam dos Estados Unidos não mais como uma possível invenção nacional de Henrique Brito, mas como um produto industrial destinado a atualizar o fascínio dos músicos do país subdesenvolvido pelo estilo musical em voga no país colonizador.

Essa dominação cultural, na área da música popular, tinha se acentuado de maneira acelerada na década de 1930, quando o cinema sonoro veio completar a invasão dos estilos musicais norte-americanos através do disco. Era isso que permitia, por

---

⁵² Quase 30 anos depois, em 18/9/1968, outro cronista, Haroldo Costa, em sua coluna "Música popular", do jornal carioca *Diário de Notícias*, ia repetir Caribé da Rocha, contando o seguinte episódio: "Está visitando o Rio nestes dias um jovem músico americano, autor da espetacular trilha sonora do filme de Antonioni *Blow Up*. Herbie Hancock é seu nome. Vai daí que o Herbie chegou ao Rio doido para conhecer de perto a música brasileira, que ele ouviu através de alguns discos. E simplesmente não conseguiu. Segundo suas declarações, ele teve contato com alguns músicos que fazem *jazz* com batida de samba e acham que isto é música brasileira. [...] A frustração de Herbie Hancock é a mesma com que se defrontam tantos outros, artistas, músicos e simplesmente visitantes, que chegam por aqui e perguntam depois de algumas decepções: cadê a música brasileira?".

exemplo, ao violonista Garoto ter conseguido impor seu nome através de um conjunto formado na Rádio Mayrink Veiga com o nome inglês de *Hot Strings*, muito antes de saber que seu destino era acabar figurando, nos Estados Unidos, como um destaque do conjunto que os americanos rebatizariam imediatamente com a tradução *Moon Gang*, numa homenagem que valia pelo reconhecimento dos seus músicos como gente de casa.

Não foi surpresa, pois, quando, a 27 de junho de 1939, em sua primeira transmissão direta para o Brasil (Rádio Mayrink Veiga em cadeia com a NBC), Carmen Miranda terminou seu programa cantando em inglês a composição escrita especialmente para seu número na revista *Streets of Paris* pelo compositor americano Jimmy McHugh.

Quatro meses depois, quando novamente Carmen Miranda e o Bando da Lua se apresentam no Pavilhão Brasileiro da Feira de Nova York, a 26 de outubro de 1939, em show transmitido em ondas curtas pela *Hora do Brasil*, os ouvintes mais atentos puderam perceber que, de música brasileira, já não existia praticamente nada.

Carmen Miranda apresentava-se falando inglês e, ao cantar os dois números que mais agradavam nos Estados Unidos — o samba "O que é que a baiana tem?" e a rumba "South American Way" —, o vigilante colunista Caribé da Rocha tinha que concluir com pessimismo:

> "O ritmo do primeiro é completamente diferente daquilo que nós chamamos ritmo de samba. Não gostamos, absolutamente. Depois a orquestra de Romeu Silva tocou alguns números. Melhor cadência, mas sambas fraquíssimos, compostos pelos músicos da orquestra talvez para renovar o repertório. Mas o fato é que são sambas sem graça nenhuma."

Terminada a audição, o cronista salientava que, na verdade, não houvera qualquer vitória da música popular brasileira nos

Estados Unidos. O sucesso era de Carmen Miranda, graças ao patrocínio do Departamento de Estado e do exotismo das suas fantasias, que começavam por sinal a estimular a indústria norte-americana. As casas de modas da Quinta Avenida registravam com alvoroço encomendas de vestimentas de baiana, e, segundo o correspondente Charles Mirror, escrevendo para o semanário *Cine-Rádio-Jornal* de 19 de outubro de 1939, "até as sandálias da artista já encontravam quem as reproduzisse em salões norte-americanos".[53]

O curioso é que, envolvidos pelos acontecimentos nos Estados Unidos, os artistas brasileiros não sentiam essa sua progressiva desnacionalização e absorção por um esquema ideológico, cultural e econômico que em breve só ofereceria dividendos para o país que pretendiam conquistar.

Carmen Miranda, que estreara aparecendo cinco minutos na revista *Streets of Paris*, levada duas semanas em Boston a partir de 29 de maio de 1939, e oficialmente estreada no Broadhurst Theater, da Broadway, na segunda quinzena de junho, seria imediatamente negociada pelo diretor da 20th Century Fox, Darryl Zanuck, através do empresário Lee Shubert, para aparecer em filmes visivelmente inspirados pelo Departamento de Estado.

E era assim que, em seu número de 26 de outubro de 1939, o semanário *Cine-Rádio-Jornal*, do Rio de Janeiro, já poderia anunciar pela sua seção "Em cartaz" que, ainda não sensibilizados pela indignação gerada no Brasil pelo filme *Rio*, da Universal Pictures, em que "os encantos do Rio são impiedosamente deturpados", a 20th Century Fox estava pensando em usar Carmen Miranda no papel de uma cantora argentina, num filme passado em meio de turfistas, com corridas de cavalos.[54]

---

[53] Caribé da Rocha notava ainda na crônica "Comentando...", publicada pelo *Correio da Noite* de 28/10/1939, que Carmen Miranda já parecia mesmo falar melhor o inglês do que o português, pois, segundo observou, "Carmen disse um linótipo que não soou bem aos nossos ouvidos".

[54] Esse filme *Rio* foi exibido no Brasil com o título *Torturas de uma*

O samba agora vai...

É curioso notar, mesmo, como os norte-americanos tropeçavam nesses seus primeiros ensaios de aproveitamento dirigido de instrumentos de imposição de padrões às massas, como era o caso do cinema. A palavra de ordem do governo Roosevelt, solidariamente com os altos interesses econômicos norte-americanos, empenhados em mais uma luta mundial pela hegemonia do poder de decisão no mundo capitalista, era lisonjear e prestigiar, por todos os meios, produtos, costumes, beleza natural ou o que mais os países das Américas pudessem oferecer. No que se referia ao cinema, essa palavra de ordem vinha coincidir com os interesses dos grandes estúdios de Hollywood, como bem definiria o representante da RKO Pictures no Brasil, Sr. Bruno Cheli, ao falar da simpatia do público da Broadway por Carmen Miranda:

> "O nosso país é o maior mercado importador sul-americano dos produtos de Hollywood, e por isso são grandes as atenções, pelo menos por parte da minha companhia, pelo Brasil."[55]

Acontece que, mal informados sobre a psicologia dos povos dos países subdesenvolvidos, todos muito ciosos de suas bisonhas tradições, por força de sentimentos nacionais ligados a seus antigos movimentos de libertação nacional, os norte-americanos começaram cortejando os sul-americanos com uma falta de habilidade total. Carmen Miranda, transformada de repente numa arma da Política da Boa Vizinhança, estava destinada a servir de

---

alma e, no dizer de Celestino Silveira, entrevistando o primeiro professor de inglês de Carmen Miranda em Hollywood, Zacharias Iaconelli (*Cine-Rádio-Jornal* de 24/12/1941, p. 13), constituiu "na verdade uma tortura para muitas almas, que não compreenderam como pudéssemos ser tratados de forma tão injusta". Hollywood procurou remover essa má impressão depois, com o filme da 20th Century Fox *Uma noite no Rio*.

[55] "Eu vi Carmen Miranda na Broadway", reportagem de Vítor José Lima em *Cine-Rádio-Jornal*, 20/7/1939, p. 5.

instrumento de uma dessas gafes iniciais de Hollywood. Escolhida para estrela do filme *Down Argentine Way*, que pretendia não incorrer nos erros do filme *Rio*, que tanto irritara os brasileiros, a história era tão fora da realidade argentina que o governo proibiu a sua exibição.

Para começar, o filme supostamente passado na Argentina não incluía um único tango. Quando a repercussão negativa de *Down Argentine Way* (exibido no Brasil com o título de *Serenata tropical*) ameaçou colocar em perigo a imagem dos Estados Unidos, quando o objetivo, pelo contrário, era exatamente conquistar os argentinos, os magnatas da 20th Century Fox foram chamados à responsabilidade, e — caso inédito em Hollywood — o filme voltou aos estúdios para sofrer modificações.

Em carta dos Estados Unidos, datada de 16 de abril de 1941, e publicada no semanário *Cine-Rádio-Jornal*, de Celestino Silveira, o violonista Zezinho, então integrado ao Bando da Lua, contaria como testemunha e personagem o que foi essa experiência tão ilustrativa para a história das relações entre países subdesenvolvidos e suas matrizes:

> "Logo após a exibição aqui, no ano passado [em 1940], do filme *Down Argentine Way*, e que aí será lançado com o nome de *Serenata tropical*, surgiram algumas queixas pelo fato de não ter, ao menos como fundo musical, alguns números genuinamente portenhos, e sim músicas hispano-americanas de outros vizinhos. No intuito louvável de estreitar o pan-americanismo, a 20th Century Fox resolveu suprimir do *background* as primeiras melodias a que acima me referi, fazendo nova gravação de músicas, em que eu e Nestor Amaral tomamos parte como guitarristas, dando assim um outro cunho ao filme e possivelmente mais margem para que não seja repudiado como até então se propalava."

Como se vê, Zezinho e Nestor Amaral tinham sido chamados para contribuir com um novo engodo, pois brasileiros jamais poderiam, por melhores artistas que fossem, substituir artistas argentinos na missão de apresentar "números genuinamente portenhos". Sem perceber que, na realidade, ele apenas fazia o jogo dos que o empregavam com objetivos estranhos a qualquer idealismo, Zezinho, particularmente, ainda era levado a emoções nacionalistas pelo papel que desempenhava.

Uma semana antes de escrever a carta, no dia comemorativo do pan-americanismo, todos os artistas brasileiros tinham sido convidados para uma grande festa, que terminara em lágrimas do mais puro ufanismo:

"Carmen Miranda", escrevia Zezinho, "foi distinguida com um convite da Universidade da Califórnia, e no Pavilhão de Filosofia houve uma grande sessão cívica, sendo no momento apresentada ao seleto auditório Carmen Miranda que, além do cônsul brasileiro, Sr. M. Casado, estava acompanhada de diversos diretores da Fox e de outras pessoas gradas."

O violonista Zezinho confessa ter chegado ao auge da emoção "ao ver a nossa pátria no momento engrandecida e salientada como um fator importante e imprescindível de boa vizinhança e cooperadora do pan-americanismo". Foi quando Carmen Miranda ganhou "um lindíssimo troféu simbolizando a fraternidade dos povos de Norte e Sul América", o que para ela começava a constituir uma rotina: 15 dias antes, a 26 de março de 1940, tendo tomado parte na festa de aniversário do Golden Gate Theater, Carmen Miranda tinha sido apresentada publicamente como a *Embaixatriz da Música Brasileira*.[56]

---

[56] "O samba continua vencendo nos EE.UU.", *Cine-Rádio-Jornal*, 15/5/1941, p. 9. O violonista Garoto complementaria essas informações sobre a oficialização da figura de Carmen Miranda quando voltou dos Estados Unidos, em julho de 1940, e contou como a cantora e o Bando da Lua se apresentaram perante o próprio presidente dos Estados Unidos: "Experimentou alguma forte emoção na América?", perguntou o repórter de *Cine-*

Enquanto a máquina de propaganda oficial do governo norte-americano funcionava eficientemente, em estreita colaboração com os interesses comerciais do cinema, do disco e do teatro (Carmen Miranda figurava em fevereiro de 1940 em sexto lugar na lista das sete mulheres mais famosas dos Estados Unidos organizada pelo *New York Journal — American*, aparecendo acima de Margaret Mitchell, autora de *...E o vento levou*), uma série de outros brasileiros iam emprestar ainda a sua ingenuidade à grande aventura política da boa vizinhança.

Como a experiência mostrou que a propaganda ganhava muito em ser centralizada, e sempre que possível chegar ao país visado através de uma voz familiar, o locutor Luís Jatobá foi contratado por um ano, no início de maio de 1940, pela Columbia Broadcasting System. Como num passe de mágica, Luís Jatobá, que funcionava servindo à propaganda interna da ditadura como locutor da *Hora do Brasil*, passou a ser ouvido de Nova York transmitindo em português, com sua voz privilegiada, as mensagens destinadas a atrelar o Brasil ideologicamente às aventuras internacionais lideradas pelos Estados Unidos.

Paralelamente a essas iniciativas norte-americanas propriamente ditas, o governo brasileiro, na ilusão de que o Pavilhão do Brasil na Feira de Nova York poderia se transformar num Cavalo de Troia dos interesses nacionais, continuava a custear a viagem de artistas que nada mais iam fazer que fornecer, a preço baixo, eventuais atrações "exóticas" no mercado das diversões noturnas das principais cidades dos Estados Unidos.

-*Rádio-Jornal* na entrevista publicada no número de 25/7/1940, e Garoto respondeu: "Sim. Quando fui tocar para o presidente Roosevelt na Casa Branca. Acompanhei Carmen e os rapazes do Bando da Lua. O presidente entusiasmou-se com a música brasileira, e os seus aplausos foram ardorosos. Nunca pensei poder entrar naquela casa tão falada".

5.
O ESCRITÓRIO DE ASSUNTOS INTERAMERICANOS DE NELSON ROCKEFELLER E SUA INFLUÊNCIA SOBRE OS FILMES DE HOLLYWOOD

> "Nosso amigo americano" e a "Boa vizinhança à moda Rockefeller" — O Escritório de Assuntos Interamericanos e o controle do conteúdo dos filmes de Hollywood — A influência política sobre o cinema americano em setenta filmes arrolados por Alex Viany — Um biógrafo de Carmen Miranda nega o que filmes demonstram: para ele "boa vizinhança" é coisa de "espírito de porco" — Relação de filmes sobre a Boa Vizinhança.

Ao final da publicação do capítulo 4 deste livro, em sua primeira edição de 1969, o autor publicava uma nota em pé de página que agora, 35 anos passados, não se pode deixar de transcrever pela oportunidade histórica que veio a assumir. A nota, que fechava o capítulo "O papel de Carmen Miranda na Política da Boa Vizinhança e a conquista ideológica da América Latina pelos EUA", comunicava em tempo:

> "Quando este livro já se encontrava pronto para impressão, a revista *Realidade*, nº 37, de abril de 1969, publicou sob o título 'Nosso amigo americano' uma reportagem de Luiz Weis sobre o Sr. Nelson Rockefeller, e na qual incluíra na página 101 o seguinte trecho, com o subtítulo 'Boa vizinhança à moda Rockefeller', lembrando a atividade do entrevistado à frente do Escritório de Assuntos Interamericanos, ao tempo do governo Roosevelt:
> 'No setor de divulgação, Rockefeller contratou cinquenta redatores que produziam um volume semanal de 120 mil palavras, para alimentar emissoras de

ondas curtas funcionando 24 horas por dia, agências noticiosas e cerca de quinhentos jornais latino-americanos. Antes de ganhar, na Europa, a guerra de verdade, os Estados Unidos já haviam ganho a guerra psicológica na América Latina.

Cinema era outra preocupação do Escritório. Reconhecendo o poder dos filmes na formação de opiniões e sentimentos, o Escritório promoveu nos EUA a exibição de películas latino-americanas e permitiu que o público de lá descobrisse nossos talentos. Carmen Miranda foi um caso típico. Por outro lado, fiscais de Rockefeller cuidavam que Hollywood não incluísse em seus filmes *tipos* latino-americanos em papéis desfavoráveis'."

Pois eis que em julho de 1973, menos de quatro anos após a divulgação dessa nota sobre o papel de Nelson Rockefeller na condução dos interesses político-ideológicos dos Estados Unidos à frente do Escritório de Assuntos Interamericanos (Office for Inter-American Affairs), o cineasta e pesquisador de história do cinema Alex Viany retomaria o tema da política da Boa Vizinhança e sua ação em Hollywood através do levantamento de setenta filmes produzidos entre 1938 e 1950 destinados especialmente a agradar aos vizinhos do norte, centro e sul-americanos, desde o México até a Argentina.

A relação desses filmes, levantada em pesquisa pessoal de Alex Viany, foi por ele gentilmente enviada ao autor deste livro em carta de 13 de julho de 1973, em que declarava:

"Em homenagem a José Ramos Tinhorão, um primeiro levantamento dos filmes em que, durante a Segunda Guerra Mundial, Hollywood procurou manter e ampliar seus mercados na América Latina através da utilização de músicos, cantores e ritmos latino--americanos, em muitos casos deturpados."

No corpo de sua carta, Alex Viany apontava como origem de seu trabalho os dados sobre a influência da Política da Boa Vizinhança sobre os "povos latinos das Américas" oferecidos em 1969 pelo autor em seu livro O *samba agora vai...*:

> "A partir do que você levantou em alguns capítulos de O *samba agora vai...*, fiz, para um trabalho sobre Hollywood nos anos de guerra, uma lista (sujeita a correções e acréscimos) de filmes com temas, locais, artistas e/ou canções latino-americanas. Creio que, aumentando as pesquisas, poderemos chegar a uma lista realmente reveladora. Mas essa que aí vai já é uma confirmação do que está demonstrado em seu livro."

A lista de filmes de Hollywood realizados dentro do projeto de Estado norte-americano promovido sob o nome de Política da Boa Vizinhança levantada por Alex Viany é a que, em homenagem a sua memória e em proveito deste livro, vai transcrita na íntegra ao final deste capítulo.

Essa realidade do uso do cinema de Hollywood como arma ideológica ao tempo da Segunda Guerra Mundial, com o objetivo do enquadramento dos países das Américas ao esforço comum contra as ameaças do nazismo — tão claramente expresso pela relação de filmes americanos levantada por Alex Viany — não foi capaz, no entanto, de convencer pelo menos um autor brasileiro: o especialista em biografias de personalidades populares Ruy Castro.

Em "Boa vizinhança de araque", capítulo 19 de *Carmen: uma biografia*, Ruy Castro sustenta que, se a Política da Boa Vizinhança lançada em 1940 pelo Escritório de Negócios Interamericanos de Nelson Rockefeller chegou a ser adotada em Hollywood, "os resultados até ali eram pífios". E exemplificava:

"Em meados de 1942, entre os grandes estúdios, somente a Fox parecia se dedicar à produção desse gênero de filmes, e, mesmo assim, porque tinha Carmen Miranda. Para os três maiores — MGM, Warner e Paramount — não fazia o menor sentido rodar filmes com temática 'latina' para conquistar mercados como Cuba, México, Argentina e Brasil."[57]

Isso após afirmar, ainda, que "na intimidade dos estúdios, isso [a temática latino-americana] nunca foi uma política de Estado", para logo concluir com a certeza de sua opinião pessoal:

"Mesmo assim, no futuro, não faltariam espíritos de porco para acusar Carmen Miranda de ser uma invenção da 'boa vizinhança'."[58]

Diante da relação de filmes de Hollywood levantada por Alex Viany a envolver em seus enredos referências a figuras típicas, características psicológicas, tiques particulares, costumes e músicas dos vizinhos latino-americanos à época da Política da Boa Vizinhança do governo Roosevelt, o leitor dirá da pertinência das conclusões do editorialmente sempre bem-sucedido autor de *Carmen*.

Pessoalmente, o autor deste livro — por certo incluído entre os "espíritos de porco" que veriam Carmen Miranda como uma "invenção da 'boa vizinhança'" — limita-se a reproduzir a seguir sua crônica "Carmen Miranda: a volta do mito, com bananas e balangandãs", publicada na página 3 do Caderno B do *Jornal do Brasil* de 29 de agosto de 1974. Crônica que representava (e

---

[57] Ruy Castro, *Carmen: uma biografia. A vida de Carmen Miranda, a brasileira mais famosa do século XX*, São Paulo, Companhia das Letras, 2005, p. 331.

[58] *Idem*, p. 335.

continua a representar) sua visão da personagem à luz da história, segundo a realidade da moderna sociedade de massas:

"O sucesso de Carmen Miranda, com os seus balangandãs, seus tamancos de tacão alto e seus complicados turbantes, marcou historicamente, durante a década de 1940, a vitória pessoal da primeira artista realmente típica da moderna sociedade de consumo.

Até 1939, quando pela primeira vez Carmen Miranda aparece vestindo no filme *Banana da Terra* a sua brilhante fantasia de baiana, de lamê listrado, e equilibrando na cabeça uma cestinha de frutas de cera pintada, os grandes artistas do cinema e do *show business* internacional ainda se apresentavam como uma projeção bem-comportada do mundo burguês: Carlitos fazia rir porque sua casaca era velha e sua calça de boca larga não tinha cinto. Mas cada vez que ele saudava o guarda da esquina, fazia-o tirando um chapéu-coco que vinha dos fins do século XIX. Na Broadway, o velho estilo do *French Cancan* inspirador dos primeiros cartazes de Toulouse-Lautrec ainda obrigava os senhores de colarinho duro a suportarem a visão das ligas de seda das vedetes. E essas ligas surgiam — com uma malícia positivamente ultrapassada — por entre o turbilhão de velhíssimas anáguas de babados.

Pois era nesse momento que Carmen Miranda, esfuziante e tropical, chegava aos Estados Unidos com seu estilo sul-americano (o título de uma de suas primeiras músicas em inglês seria exatamente 'South American Way'), decidida a apresentar toda uma série de novas sugestões artísticas.

De fato, a portuguesinha filha de um pacato barbeiro (nascera na freguesia de Várzea de Ovelha, em Portugal, a 9 de fevereiro de 1909, chegando ao Brasil com dois anos) entrara muito cedo em contato com as extravagâncias da moda no Rio de Janeiro. Seu primeiro emprego, ainda menina, fora numa casa de gravatas da Rua Gonçalves Dias, e dessa loja sairia para trabalhar numa chapelaria, onde aprendeu os segredos da confecção dos seus futuros turbantes, trabalhados como bolos de aniversário.

Assim, quando vinte e poucos anos depois, no auge de sua carreira no Brasil, essa antiga chapeleira resolveu lançar nos Estados Unidos a visão colorida e tropicalista da sua figura, arregalando os olhos e torcendo os braços cheios de pulseiras extravagantes, isso representou para os americanos — após tantos anos de política isolacionista — uma demonstração viva daquelas promessas de exotismo que as primeiras agências de turismo subordinavam a uma viagem até ilhas distantes dos Mares do Sul.

No Brasil, a trajetória dessa cantora, que riscava seus próprios figurinos e confeccionava com as próprias mãos os complicados turbantes sempre renovados — desde sua estreia, na revista *Vai dar o que falar*, em 1930, até shows internacionais do Cassino da Urca —, transcorreu dez anos depois num ambiente em que se admirava o seu exotismo, mas não se aproveitava a sua criatividade. Nos Estados Unidos, porém, quando Carmen Miranda estreou na revista da Broadway *Streets of Paris*, em 1939, a novidade espalhafatosa dos losangos de sua fantasia de baiana estilizada, contrastando com os sarongues desenxabidos das vedetas locais, valeram por uma explosão de sugestões comerciais e industriais. E, semanas depois do lançamento do musical no Broadhurst Theater, as casas de modas da Quinta Avenida de Nova York começavam a receber encomendas de vestimentas de baiana *à la* Carmen Miranda.

Foi assim que, beneficiada pelo interesse industrial do rompimento com velhos padrões estéticos no campo da moda e pelo próprio interesse do governo norte-americano em projetar internamente uma visão simpática e otimista do seu aliado e fornecedor de matérias-primas do Sul do continente, o Brasil, Carmen Miranda se transformou a partir de 1940 na mais divulgada figura da publicidade americana. E, de repente, os edifícios, as ruas e as estradas dos Estados Unidos ficaram cobertos de cartazes em que a exótica cantora aparecia com seu permanente sorriso de orelha a orelha anunciando a excelência de sabonetes, cigarros, meias e dezenas de outros produtos de consumo que a máquina industrial começava a lançar maciçamente no mercado para a conquista das novas gerações de consumidores do supérfluo.

Esse sucesso pessoal do talento, mas principalmente do exotismo de uma artista nos Estados Unidos, levou milhões de brasileiros a imaginar um possível sucesso da música popular do Brasil naquele país. Mas a realidade é que, para a música popular brasileira — que a própria Carmen Miranda ingenuamente pensou poder colocar no mercado americano —, a projeção da cantora de nada valeu. Acionada a máquina comercial-musical dos editores de Tin Pan Alley, Carmen Miranda foi obrigada imediatamente a cantar em inglês quantas rumbas lhe impuseram os fabricantes de música de consumo do *show business* dos Estados Unidos.

É um retrato musical dessas contradições que a MCA Records — aproveitando matrizes da antiga gravadora Decca — acaba de lançar no Brasil [em 1974], através da etiqueta Gravações Chantecler. Sob o título *Carmen Miranda, a Pequena Notável* (gravações feitas nos EUA, entre 1939 e 1942, com o Bando da Lua), o LP MCALP-600.083 reúne uma seleção de 13 das 26 músicas gravadas por Carmen Miranda na Decca norte-americana, com o acompanhamento do conjunto Bando da Lua. Em todas essas músicas, desde o famoso 'O que é que a baiana tem?', que lança Carmen Miranda em 1939, o que se nota é a preocupação em acentuar o exótico e o caricatural, e em forçar a cantora a gravar sucessos brasileiros lançados por outros cantores — como 'Cai cai', 'Mamãe eu quero' e 'Arca de Noé' — a fim de garantir mercado certo para filmes como *Serenata tropical*, *Uma noite do Rio*, *Aconteceu em Havana* e *Minha secretária brasileira*. Todos produzidos por Hollywood dentro da Política da Boa Vizinhança e com supervisão direta do Departamento de Estado norte-americano.

O disco da Chantecler, com documentadíssimo texto de contracapa do santista radicado em São Paulo João Luís Ferrete, é importantíssimo como documento: além de mostrar Carmen

Miranda em gravações de clima quase amadorístico (o distanciamento do Brasil leva-a a mudar até a melodia da marcha 'Arca de Noé', de Nássara), serve ainda para revelar até que ponto chegava o despaisamento dos músicos do Bando da Lua, que aí aparecem como autênticos precursores do que seria o samba jazzificado e de ritmo difuso da era da bossa nova e dos conjuntos de samba de boate.

Para Carmen Miranda, pessoalmente, a glória de precursora da geração de grandes ídolos do despontar da indústria de consumo também de nada valeu. Como todos os ídolos, ela teve que cumprir o ritual da autodestruição, triturada pela mesma máquina que a erguera às culminâncias do sucesso. De qualquer forma, porém, como entre as características dos mitos se inclui, afinal, a ressurreição, aí temos de volta nesse LP documental a velha e novíssima Carmen Miranda. E cantando sem grande voz, mas criativa de fazer inveja. E mais atual do que nunca porque na crista da onda — da nostalgia."

Na sequência, reproduzimos a relação elaborada por Alex Viany de setenta filmes de Hollywood com temas latino-americanos, lançados entre 1938 e 1950:

1938

1. *Tropic Holiday (Feitiço do Trópico)*. Paramount. Argumento: Don Hartman, Frank Butler. Roteiro: Don Hartman, Frank Butler, John Moffitt, Duke Atteberry. Direção: Theodore Reed. Com: Dorothy Lamour, Ray Milland, Tito Guízar, Bob Burns, Martha Raya, Elvira Rios. — Canções de Agustín Lara com letras em inglês de Ned Washington: "Lamp on the Corner", "Tonight Will Live", "My First Love", "Tropic Night".

1939

2. *Rio (Torturas de uma alma)*. Universal. Argumento: Jean Negulesco. Roteiro: Aben Kandel, Edwin Justus Mayer, Frank Partos, Stephen Morehouse Avery. Direção: John Brahm. Com: Basil Rathbone, Victor McLaglen, Sigrid Gurie, Robert Cummings, Leo Carrillo, Billy Gilbert, Maurice

Moscovitch, Irving Bacon, Soledad Jimenez. — Entre as canções do filme: "Love Opened My Eyes" (Jimmy McHugh), "Heart of Mine" e "After the Rain" (Frank Skinner e Ralph Freed).

1940

3. *Broadway Melody of 1940* (*Melodia da Broadway de 1940*). Metro-Goldwyn-Mayer (MGM). Argumento: Jack McGowan, Dore Schary. Roteiro: Leon Gordon, George Oppenheimer. Direção: Norman Taurog. Com: Fred Astaire, Eleanor Powell, George Murphy. — Entre as canções de Cole Porter: "Begin the Beguine".

4. *Down Argentine Way* (*Serenata tropical*). Fox. Argumento: Rian James, Ralph Spence. Roteiro: Darrell Ware, Karl Timberg. Direção: Irving Cummings. Com: Don Ameche, Betty Grable, Carmen Miranda, Charlotte Greenwood, J. Carrol Naish, Nicholas Brothers. — Entre as canções de Harry Warren e Mack Gordon, "Down Argentine Way", "Nenita" e "Sing To Your Senorita". O filme inclui "South American Way" (Jimmy McHugh e Al Dubin), "Mamãe eu quero" (Jararaca e Vicente Paiva, letra em inglês de Al Stillman), "Bambo de bambu" (Donga) e "Touradas em Madri" (João de Barro e Alberto Ribeiro), com Carmen Miranda; "Doin' the Conga" (Gene Rose).

5. *Strike Up The Band* (*O rei da alegria*). MGM. Roteiro: John Monks Jr., Fred F. Finklehoffe. Direção: Busby Berkeley. Com: Mickey Rooney, Judy Garland, Paul Whiteman and Orchestra. — Entre as canções: "Do The Conga" (Roger Edens), com Judy Garland, Mickey Rooney e coro.

1941

6. *Babes on Broadway* (*Calouros na Broadway*). MGM. Argumento: Fred F. Finklehoffe. Roteiro: Fred Finklehoffe, Elaine Ryan. Direção: Busby Berkeley. Com: Judy Garland, Mickey Rooney, Tommy Dorsey and Orchestra. — Entre os números musicais: "A Bombshell from Brazil" (Roger Edens) e "Mamãe eu quero", com Mickey Rooney imitando Carmen Miranda.

7. *Blondie Goes Latin* (*Família do barulho*). Columbia. Argumento: Quinn Martin, baseado em história em quadrinhos de Chic Young. Roteiro: Richard Flournoy, Karen DeWolf. Direção: Frank R. Strayer. Com: Penny Singleton, Arthur Lake, Larry Simms, Tito Guízar.

8. *Dancing on a Dime* (*Nas asas da dança*). Paramount. Argumento: Anne Morrison Chapin, Max Kolpé. Direção: Joseph Santley. Com: Grace McDonald, Robert Paige, Peter Lind Hayes, Eddie Quillan, Frank Jenks. — Entre as canções: "Mañana" (Burton Lane e Frank Loesser).

9. *Cadet Girl* (*A rainha dos cadetes*). Fox. Argumento: Jack Andrews, Richard English. Direção: Ray McCarey. Com: Carole Landis, George Montgomery, Shepperd Strudwick, William Tracy. — Entre as canções: "She's a Good Neighbor" (Ralph Rainger e Leo Robin).

10. *Fiesta* (*Dia de festa*). Hal Roach/United Artists. Argumento: Cortland Fitzsimmons. Direção: LeRoy Prinz. Com: Ann Ayars, Jorge Negrete, Armida, George Givot, Antonio Moreno, Carlos Valdez, Trio Guadalajara. — Canções de Nilo Menendez, Edward Ward, Chet Forrest, Bob Wright.

11. *Four Jacks and a Jill* (*Quatro valetes e uma dama*). RKO. Argumento: Monte Brice. Roteiro: John Twist. Direção: Jack Hively. Com: Ray Bolger, Anne Shirley, June Havoc, Desi Arnaz. — Entre as canções de Harry Revel e Mort Greene, "Boogie Woogie Conga".

12. *Hellzapoppin'* (*Pandemônio*). Universal. Roteiro: Nat Perrin, Warren Wilson. Direção: H. C. Potter. Com: Ole Olsen, Chic Johnson, Martha Raye. — Entre as canções de Gene de Paul e Don Raye, "Conga Beso".

13. *It Started with Eve* (*Raio de sol*). Universal. Roteiro: Norman Krasna, Leo Townsend. Direção: Henry Koster. Com: Deanna Durbin, Charles Laughton, Robert Cummings. — Entre as canções: "Ahi Viene la Conga" (Raul Valdespi).

14. *Las Vegas Nights* (*Noites de rumba*). Paramount. Roteiro: Ernest Pagano, Harry Clork. Direção: Ralph Murphy. Com: Phil Regan, Bert Wheeler, Constance Moore, Tommy Dorsey and Orchestra (incluindo Frank Sinatra). — Entre as canções: "Dolores" (Louis Alter e Frank Loesser), com Frank Sinatra e a orquestra de Tommy Dorsey.

15. *Moon Over Miami* (*Sob o luar de Miami*). Fox. Roteiro: Vincent Lawrence, Brown Holmes. Direção: Walter Lang. Com: Don Ameche, Betty Grable, Robert Cummings. — Entre as canções de Ralph Rainger e Leo Robin: "Kindergarten Conga".

16. *Playmates* (*Dois Romeus enguiçados*). RKO. Argumento: James V. Kern, M. M. Musselman. Roteiro: James V. Kern. Direção: David Butler. Com: Kay Kyser and Orchestra, Lupe Velez, John Barrymore. — Entre as canções de Jimmy Van Heusen e Johnny Burke: "Que Chica".

17. *Six Lessons from Madame La Zonga* (*Madame La Zonga*). Universal. Argumento: Larry Rhine, Ben Chapman. Roteiro: Larry Rhine, Ben Chapman, Stanley Rubin, Marion Orth. Direção: John Rawlins. Com: Lupe Velez, Leon Errol, Helen Parrish. — Músicas de James V. Monaco e Charles Newman, Jimmy Wakely, Milton Rosen e Everett Carter.

18. *That Night in Rio* (*Uma noite no Rio*). Fox. Roteiro: Jessie Ernst, Hal Long, Bess Meredyth e George Seaton, baseado na peça de Rudolph

Lothar e Hans Adler (filmada em 1935 por Roy Del Ruth, *Folies Bergère de Paris*, com Maurice Chevalier, Merle Oberon e Ann Sothern, e em 1951 por Walter Lang, *On the Riviera*, com Danny Kaye, Gene Tierney e Corinne Calvet). Direção: Irving Cummings. Com: Alice Faye, Don Ameche, Carmen Miranda, Bando da Lua. — Entre as canções de Harry Warren e Mack Gordon: "They Met in Rio", com Alice Faye e Don Ameche; "Boa Noite" e "Chica Chica Boom Chic", com Faye, Ameche e Carmen Miranda; e "Ai, Ai, Ai, I Like You Very Much", com Carmen Miranda. O filme inclui ainda "Cai cai" (Roberto Martins) e "Baião" (Luiz Gonzaga), com Carmen Miranda e Bando da Lua.

19. *They Met in Argentina* (*Conheceram-se na Argentina*). RKO. Argumento: Lou Brock, Harold Daniels. Roteiro: Jerome Cady. Direção: Leslie Goodwins, Jack Hively. Com: Maureen O'Hara, James Ellison, Alberto Vila, Buddy Ebsen, Antonio Moreno. — Canções de Richard Rodgers e Lorenz Hart: "Amarillo", "Simpatica", "Never Go To Argentina", "North America Meets South America", "Cutting the Cane", "Lolita".

20. *Week-End in Havana* (*Aconteceu em Havana*). Fox. Roteiro: Karl Tunberg, Darrell Ware. Direção: Walter Lang. Com: Alice Faye, Carmen Miranda, John Payne, Cesar Romero, Cobina Wright. — Canções de Harry Warren e Mack Gordon: "A Week-End in Havana", "When I Love, I Love" e "The Ñango", com Carmen Miranda; "Tropical Magic", com Alice Faye; e "The Man with the Lollypop Song", com Nacho Galindo. O filme inclui "Romance and Rumba" (James Monaco e Mack Gordon), com Alice Faye e Cesar Romero, e "Rebola a gola" (Aloysio de Oliveira e Nestor Amaral), com Carmen Miranda e Bando da Lua.

21. *Ziegfeld Girl* (*Este mundo é um teatro*). MGM. Argumento: William Anthony McGuire. Roteiro: Marguerite Roberts, Sonya Levien. Direção: Robert Z. Leonard, Busby Berkeley. Com: James Stewart, Judy Garland, Hedy Lamarr, Lana Turner, Tony Martin, Jackie Cooper, Rosario & Antonio. — Entre as canções: "Minnie from Trinidad" (Roger Edens), com Judy Garland, e "Caribbean Love Song" (Roger Edens e Ralph Freed), com Tony Martin.

1942

22. *Always in My Heart* (*Sempre em meu coração*). Warner Brothers (WB). Roteiro: Adele Comandini, baseado na peça de Dorothy Bennett e Irving White. Direção: Jo Graham. Com: Kay Francis, Walter Huston, Gloria Warren, Armida, Borrah Minevitch. — Canção-título: "Siempre en mi corazón" (Ernesto Lecuona, letra em inglês de Kim Gannon), com Gloria Warren.

23. *The Fleet's In* (*Tudo por um beijo*). Paramount. Roteiro: Walter DeLeon, Sid Silvers, Ralph Spence. Direção: Victor Schertzinger. Com: Dorothy Lamour, William Holden, Eddie Bracken, Betty Hutton. — Entre as canções de Victor Schertzinger e Johnny Mercer: "Conga from Honga".

24. *Moonlight in Havana* (*Luar em Havana*). Universal. Roteiro: Oscar Brodney. Direção: Anthony Mann. Com: Allan Jones, Jane Frazee, Aaron Gonzales and Orchestra. — Entre as canções de Dave Franklin: "Moonlight in Havana" e "Rhythm of the Tropics".

25. *Panama Hattie* (*Lourinha do Panamá*). MGM. Roteiro: Jack McGowan, Wilkie C. Mahoney, baseado na comédia musical de Cole Porter, Buddy G. DeSylva e Herbert Fields. Direção: Norman Z. McLeod, Roy Del Ruth, Vincente Minnelli. Com: Red Skelton, Ann Sothern, Rags Ragland, Lena Horne. — Entre as canções: "Good Neighbors" (Roger Edens).

26. *Priorities on Parade*. Paramount. Argumento: Art Arthur. Direção: Albert S. Rogell. Com: Ann Miller, Johnnie Johnston, Jerry Colonna, Betty Jane Rhodes, Barbara Jo Allen. — Entre as canções: "Conchita, Marquita, Lolita, Pepita, Rosita, Juanita Lopez" (Jule Styne e Herb Magidson).

27. *Seven Days' Leave* (*Sete dias de licença*). RKO. Roteiro: William Bowers, Ralph Spence. Direção: Tim Whelan. Com: Victor Mature, Lucille Ball, Harold Peary, Mapy Cortés. — Entre as canções de Jimmy McHugh e Frank Loesser: "You Speak My Language", com Mapy Cortés.

28. *Ship Ahoy* (*Barulho a bordo*). MGM. Argumento: Matt Brooks, Bradford Ropes. Roteiro: Harry Clork. Direção: Edward Buzzell. Com: Eleanor Powell, Red Skelton, Bert Lahr. — Entre as canções: "Tampico" (Walter Ruick).

29. *Springtime in the Rockies* (*Minha secretária brasileira*). Fox. Argumento: Philip Wylie. Roteiro: Walter Bullock, Ken Englund, Jacques Théry. Direção: Irving Cummings. Com: Betty Grable, Carmen Miranda, John Payne, Cesar Romero, Harry James and Orchestra. — Entre as canções de Harry Warren e Mack Gordon, com letras em português de Aloysio de Oliveira: "Chattanooga Choo Choo" e "Pan American Jubilee", com Carmen Miranda. O filme inclui "O tic-tac do meu coração" (Alcir Pires Vermelho e Valfrido Silva), com Carmen Miranda.

1943

30. *The Gang's All Here* (*Entre a loura e a morena*). Fox. Argumento: Tom Bridges, George Root Jr., Nancy Wintner. Roteiro: Walter Bullock. Direção: Busby Berkeley. Com: Alice Faye, Carmen Miranda, Phil Baker, Tony De Marco, Benny Goodman and Orchestra. — Entre as canções de Harry

Warren e Leo Robin: "The Lady in the Tutti Frutti Hat", com Carmen Miranda; "Paducah", com Carmen Miranda e Benny Goodman; "A Journey to a Star", com Alice Faye, Carmen Miranda e Benny Goodman; e "You Discover You're in New York", com Carmen Miranda e Phil Baker. O filme inclui "Aquarela do Brasil" (Ary Barroso, letra em inglês de S. K. Russell), com Carmen Miranda e Aloysio de Oliveira.

31. *Thank Your Lucky Stars (Graças à minha boa estrela)*. WB. Argumento: Everett Freeman, Arthur Schwartz. Roteiro: Norman Panama, Melvin Frank, James V. Kern. Direção: David Butler. Com: Eddie Cantor, Dennis Morgan, Humphrey Bogart, Bette Davis, Olivia de Havilland, Errol Flynn, Alexis Smith. — Entre as canções: "Good Night, Good Neighbor" (Arthur Schwartz e Frank Loesser), com Dennis Morgan e Alexis Smith.

32. *The Heat's On (Sedução tropical)*. Columbia. Argumento: Boris Ingster, Lou Breslow. Roteiro: Fitzroy Davis, George S. George, Fred Schiller. Direção: Gregory Ratoff. Com: Mae West, Victor Moore, William Gaxton, Lester Allen, Hazel Scott, Xavier Cugat and Orchestra. — Entre as canções: "There Goes That Guitar" e "Hello, Mi Amigo" (de Jay Gorney, Edward Eliscu e Henry Myers); e "Antonio" (Fabian Andre e John Blackburn).

33. *Something to Shout About (Canta, coração!)*. Columbia. Argumento: Fred Schiller. Roteiro: Lou Breslow, Edward Eliscu, George Owen. Direção: Gregory Ratoff. Com: Don Ameche, Janet Blair, Jack Oakie, Cyd Charisse, Hazel Scott. — Entre as canções de Cole Porter: "Hasta Luego".

1944

34. *Bathing Beauty (Escola de sereias)*. MGM. Argumento: Kenneth Earl, M. M. Musselman, Curtis Kenyon. Roteiro: Joseph Schrank, Dorothy Kingsley, Allen Boretz, Frank Waldman. Direção: George Sidney. Com: Red Skelton, Esther Williams, Basil Rathbone, Carlos Ramírez, Ethel Smith, Xavier Cugat and Orchestra. — Entre as músicas: "Te quiero dijiste" (María Grever, letra em inglês de Charles Pasquale) e "Tico-tico no fubá" (Zequinha de Abreu, letra em inglês de Ervin Drake).

35. *Bowery to Broadway (Saudades do passado)*. Universal. Argumento: Edmund Joseph, Bart Lytton. Roteiro: Arthur T. Horman, Edmund Joseph, Bart Lytton. Direção: Charles Lamont. Com: Maria Montez, Jack Oakie, Susanna Foster, Turhan Bey, Ann Blyth, Donald O'Connor, Peggy Ryan. — Entre os coreógrafos, Carlos Romero. Entre as canções: "Montevideo" (Kim Gannon e Walter Kent).

36. *Brazil (Brasil)*. Republic. Argumento: Richard English. Roteiro: Frank Gill Jr., Laura Kerr. Direção: Joseph Santley. Com: Tino Guízar, Vir-

ginia Bruce, Edward Everett Horton, Robert Livingston, Fortunio Bonanova, Aurora Miranda, Alfredo de Sá, Veloz & Yolanda. — Canções de Ary Barroso, com letras em inglês de Ned Washington: "Aquarela do Brasil", "Rio de Janeiro", "Quando a noite é serena", entre outras. O filme inclui "O passo do canguru" (Haroldo Lobo e Milton de Oliveira), "Ké ké ké ré" (Ary Barroso e Alvaro S. de Carvalho) e "Hands Across the Border" (Hoagy Carmichael e Ned Washington).

37. *Broadway Rhythm (Viva a folia!)*. MGM. Argumento: Jack McGowan, baseado na peça de Oscar Hammerstein II, *Very Warm for May*. Roteiro: Harry Clork, Dorothy Kingsley. Direção: Roy Del Ruth. Com: George Murphy, Ginny Simms, Lena Horne, Hazel Scott. — Entre as canções: "Brazilian Boogie" (Hugh Martin e Ralph Blane), com Lena Horne e coreografia de Charles Walters, e "Amor" (Gabriel Ruiz e Ricardo Lopes Mendes, letra em inglês de Sonny Skylar), com Ginny Simms.

38. *Ever Since Venus (A eterna Vênus)*. Columbia. Roteiro: McElbert Moore, Arthur Dreifuss. Direção: Arthur Dreifuss. Com: Ina Ray Hutton, Hugh Herbert, Ann Savage, Ross Hunter. — Entre as canções: "Wedding of the Samba and the Boogie" (Bernie Wayne e Ben Raleigh).

39. *Follow The Boys (Epopeia da alegria)*. Universal. Roteiro: Lou Breslow, Gertrude Purcell. Direção: A. Edward Sutherland. Com: George Raft, Vera Zorina, Grace McDonald. — Entre as canções: "Besame Mucho" (Consuelo Velázquez).

40. *Four Jills in a Jeep (Quatro moças num jipe)*. Fox. Argumento: Froma Sand, Fred Niblo Jr. Roteiro: Robert Ellis, Helen Logan, Snag Werris. Direção: William A. Seiter. Com: Kay Francis, Carole Landis, Martha Raye, Mitzi Mayfair, Dick Haymes, Betty Grable, Alice Faye, Carmen Miranda, George Jessel. — Entre as músicas, "I, Yi, Yi, Yi, Yi (I Like You Very Much)" (Harry Warren e Mack Gordon) e "Mamãe eu quero" (Jararaca e Vicente Paiva), com Carmen Miranda e Bando da Lua.

41. *Greenwich Village (Serenata boêmia)*. Fox. Argumento: Frederick Hazlitt Brennan. Roteiro: Earl Baldwin, Walter Bullock, Michael Fessier, Ernest Pagano. Direção: Walter Lang. Com: Carmen Miranda, Don Ameche, William Bendix, Vivian Blaine, Tony & Sally De Marco. — Entre as canções: "Give Me a Band and a Bandana" (Nacio Herb Brown e Leo Robin), "O que é que a baiana tem?" (Dorival Caymmi) e "I'm Just Wild About Harry" (Eubie Blake e Noble Sissle), com Carmen Miranda.

42. *Hollywood Canteen (Um sonho em Hollywood)*. WB. Roteiro: Delmer Daves. Direção: Delmer Daves. Com: Bette Davies, John Garfield, The Andrew Sisters, Jack Bennie, Eddy Cantor, Joan Leslie, Robert Hutton,

Janis Paige. — Entre as canções: "Enlloró" (Obdulio Morales e Julio Blanco, letra em inglês de Marion Sunshine).

43. *Jam Session* (*Orgia musical*). Columbia. Argumento: Harlan Ware, Patterson McNutt. Roteiro: Manuel Seff. Direção: Charles Barton. Com: Ann Miller, Jess Barker, Charlie Barnet, Louis Armstrong. — Entre as canções: "Aquarela do Brasil" (Ary Barroso, letra em inglês de S. K. Russell), com Rita Hayworth dublada por Nan Wynn.

44. *Kansas City Kitty* (*Melodias roubadas*). Columbia. Roteiro: Manuel Seff. Direção: Del Lord. Com: Joan Davis, Bob Crosby, Jane Frazee. — Entre as canções: "Tico-tico no fubá" (Zequinha de Abreu, letra em inglês de Ervin Drake), com Jane Frazee.

45. *Music in Manhattan* (*Casei-me por engano*). RKO. Argumento: Lawrence Kimble, Jack Scholl, Harold Jacob Smith, Maurice Tombragel. Direção: John H. Auer. Com: Anne Shirley, Dennis Day, Charlie Barnet and Orchestra. — Entre as canções de Lew Pollack e Herb Magidson: "One Night in Acapulco".

46. *My Gal Loves Music* (*Bebê musical*). Universal. Argumento: Patricia Harper. Roteiro: Eugene Conrad, Edward Dein. Direção: Edward C. Lilley. Com: Bob Crosby, Grace McDonald, Alan Mowbray. — Entre as canções de Milton Rosen e Everett Carter: "Pepita".

47. *Reckless Age* (*Mocidade destemida*). Universal. Argumento: Al Martin. Roteiro: Henry Blankfort, Gertrude Purcell. Direção: Felix E. Feist. Com: Gloria Jean, Henry Stephenson, Hathleen Howard, Marshall Thompson, Harold Nicholas, Delta Rhythm Boys. — Entre as canções: "Mamãe eu quero" (Jararaca e Vicente Paiva, letra em espanhol de Jorge Negrete, letra em inglês de Al Stillman), com Harold Nicholas.

48. *Something for the Boys* (*Alegria, rapazes!*). Fox. Roteiro: Frank Gabrielson, Robert Ellis, Helen Logan, baseado na comédia musical de Cole Porter, Herbert Fields e Dorothy Fields. Direção: Lewis Seiler. Com: Carmen Miranda, Michael O'Shea, Vivian Blaine, Phil Silvers, Perry Como, Bando da Lua. — Entre as canções: "Wouldn't It Be Nice?" (Harold Adamson e Jimmy McHugh), com Carmen Miranda, Michael O'Shea, Vivian Blaine e Phil Silvers, e "Samba-Boogie" (Harold Adamson e Jimmy McHugh), com Carmen Miranda. O filme inclui "Batuca nego" (Ary Barroso), com Carmen Miranda.

1945

49. *Anchors Aweigh* (*Marujos do amor*). MGM. Roteiro: Isobel Lennart. Direção: George Sidney. Com: Gene Kelly, Frank Sinatra, Kathryn

Grayson, Carlos Ramírez, José lturbi, Sharon McManus. — Entre as canções: "Mexican Hat Dance" (Felipe A. Partichela), "La Cumparsita" (Gerardo Matos Rodríguez) e "Cielito Lindo" (Quirino Mendoza).

50. *Diamond Horseshoe* (*Mulheres e diamantes*). Fox. Argumento: Kenyon Nicholson. Direção: George Seaton. Com: Betty Grable, Dick Haymes, Phil Silvers. — Entre as canções: "In Acapulco" (Harry Warren e Jay Gorney).

51. *Doll Face* (*Sonhos de estrela*). Fox. Roteiro: Harold Buchnam e Leonard Praskins, baseado em peça de Gypsy Rose Lee. Direção: Lewis Seiler. Com: Vivian Blaine, Dennis O'Keefe, Perry Como, Carmen Miranda, Martha Stewart, Stephen Dunne, Ciro Rimac. — Entre as canções de Jimmy McHugh e Harold Adamson: "Chico Chico", com Carmen Miranda.

52. *It's a Pleasure* (*É um prazer!*). International/RKO. Roteiro: Lynn Starling, Elliot Paul. Direção: William A. Seiter. Com: Sonja Henie, Michael O'Shea, Marie McDonald, Bill Johnson, Gus Schilling, Iris Adrian. — Entre as canções: "Tico-tico no fubá" (Zequinha de Abreu).

53. *Masquerade in Mexico* (*Fantasia mexicana*). Paramount. Argumento: Edwin Justus Mayer, Franz Schulz. Roteiro: Karl Tunberg. Direção: Mitchell Leisen. Com: Dorothy Lamour, Arturo de Córdova, Ann Dvorak, George Rigaud, Trio Guadalajara. — Entre as canções, com letras em inglês: "Adiós, Mariquita Linda" (Marcos A. Jiménez), "Noche de Ronda" (María Teresa Lara), "Perfidia" (Alberto Domínguez), "Farolito" e "Buscandote" (Agustín Lara).

54. *Mexicana* (*Mexicana*). Argumento: Frank Gill Jr. Direção: Alfred Santell. Com: Tito Guízar, Constance Moore, Leo Carrillo, Estelita Rodriguez. — Entre as canções de Gabriel Ruiz e Ned Washington: "Mexicana", "De Corazón a Corazón", "See Mexico" e "Lupita". O filme inclui "Guadalajara" (Pepe Guízar), "Besame Mucho" (Consuelo Velázquez) e "El Rancho Grande" (Silvano Ramos).

55. *Pan-Americana* (*Pan-Americana*). RKO. Argumento: John H. Auer, Frederick Kohner. Roteiro: Lawrence Kimble. Direção: John H. Auer. Com: Phillip Terry, Audrey Long, Robert Benchley, Lita Baron, Chinita, Harold & Lola, Rosario & Antonio, Miguelito Valdés, Nestor Amaral and Orchestra, Chuy Reyes and Orchestra. — Entre as canções, com letras em inglês de Mort Green: "Amor" (Gabriel Ruiz e Ricardo López Méndez) e "No tabuleiro da baiana" (Ary Barroso). O filme inclui "Babalu" (Margarita Lecuona), "Guadalajara" (Pepe Guízar) e "Rhumba Matumba" (Bobby Collazo e Mort Greene).

1946

56. *Cuban Pete*. Universal. Argumento: Bernard Feins. Roteiro: Robert Presnell Sr., M. Coates Webster. Direção: Jean Yarbrough. Com: Desi Arnaz, Joan Shawlee, Beverly Simmons. — Entre as canções: "Andaluza" ("The Breeze and I") (Ernesto Lecuona) e "El Cumbanchero" (Rafael Hernández).

57. *Easy to Wed* (*Quem manda é o amor*). MGM. Roteiro: Dorothy Kingsley. Direção: Edward Buzzell. Com: Van Johnson, Esther Williams, Lucille Ball, Carlos Ramírez, Ethel Smith. — Entre as canções: "Boneca de piche" (Ary Barroso e Luís Iglésias), "Você já foi à Bahia?" (Dorival Caymmi), "Toca Tu Samba" (Raúl Soler), "Acercate Más" (Osvaldo Farrés), "Viva México!" (Pedro Galindo).

58. *Holiday in Mexico* (*Romance no México*). MGM. Argumento: William Kozlenko. Roteiro: Isobel Lennart. Direção: George Sidney. Com: Walter Pidgeon, Roddy McDowall, Jane Powell, José Iturbi, Hugo Haas, Ilona Massey, Linda Christian, Xavier Cugat and Orchestra. — Entre as canções: "Holiday in Mexico" (Sammy Fain e Ralph Freed), "And That's That" (Noro Morales, Xavier Cugat, Sam H. Stept e Ervin Drake), "Walter Winchell Rhumba" (Noro Morales), "And Dreams Remain" (Raúl Soler e Ralph Freed).

59. *If I'm Lucky* (*Se eu fosse feliz*). Fox. Argumento: Edwin Lanham. Roteiro: George Bricker, Helen Logan, Robert Ellis, Snag Werris. Direção: Lewis Seiler. Com: Vivian Blaine, Perry Como, Carmen Miranda, Phil Silvers, Harry James and Orchestra. — Entre as canções de Josef Myrow e Edgar De Lange: "Follow the Band", "Bet Your Bottom Dollar" e "Botocudo", com Carmen Miranda; "That American Look", "Publicity", "If I'm Lucky", "One More Kiss".

60. *Night and Day* (*Canção inesquecível*). WB. Roteiro: Charles Hoffman, Leo Townsend, William Bowers, Jack Moffitt. Direção: Michael Curtiz. Com: Cary Grant (como Cole Porter), Alexis Smith, Monty Woolley, Ginny Simms, Carlos Ramírez. — Entre as canções de Cole Porter: "Begin the Beguine", com Carlos Ramírez, George Zoritch, Milada Mladova.

61. *The Thrill of Brazil* (*Romance no Rio*). Columbia. Roteiro: Harry Clork, Devery Freeman, Allen Rivkin. Direção: S. Sylvan Simon. Com: Evelyn Keyes, Keenan Wynn, Ann Miller, Tito Guízar, Veloz & Yolanda, Enric Madriguera and Orchestra. — Entre as canções de Doris Fisher e Allan Roberts: "Copa-Cabana" e "Thrill of Brazil", com Tito Guízar. O filme inclui "Minute Samba" (Enric Madriguera).

62. *The Time, The Place and The Girl* (*Um sonho e uma canção*). WB. Argumento: Leonard Lee. Roteiro: Agnes Christine Johnston, Lynn Starling,

Francis Swann. Direção: David Butler. Com: Dennis Morgan, Martha Vickers, Jack Carson, Janis Paige, Carmen Cavallaro. — Entre as canções de Arthur Schwartz e Leo Robin: "A Rainy Night in Rio".

1947

63. *Carnival in Costa Rica* (*Mascarada tropical*). Fox. Roteiro: Samuel Hoffenstein, John Larkin, Elizabeth Reinhardt. Direção: Gregory Ratoff. Com: Dick Haymes, Vera-Ellen, Cesar Romero, Lecuona Cuban Boys. — Entre as canções de Ernesto Lecuona com letras em inglês de Harry Ruby, Sunny Skylar e Al Stillman: "Costa Rica", "I'll Know It's Love", "Gui-Pi-Pia", "Maraca", "Mi Vida", "Another Night Like This".

64. *Copacabana* (*Copacabana*). David Hersh/United Artists. Argumento: Laszlo Vadnay. Roteiro: Laszlo Vadnay, Allen Boretz, Howard Harris, Sidney Zelinka. Direção: Alfred E. Green. Com: Groucho Marx, Carmen Miranda, Steve Cochran, Andy Russell, Gloria Jean, DeCastro Sisters, The Carioca Boys. — Entre as canções de Sam Coslow: "Je Vous Aime", "To Make a Hit with Fifi", "He Hasn't Got a Thing To Sell" e "Let's Go To Copacabana", com Carmen Miranda. O filme inclui "Tico-tico no fubá" (Zequinha de Abreu, letra de Aloysio de Oliveira), com Carmen Miranda.

65. *On The Old Spanish Trail* (*Na velha senda*). Republic. Argumento: Gerald Geraghty. Roteiro: Sloan Nibley. Direção: William Witney. Com: Roy Rogers, Tito Guízar, Jane Frazee, Andy Devine, Estelita Rodriguez, Bob Nolan. — Entre as canções: "Guadalajara" (Pepe Guízar), com Estelita Rodriguez e Tito Guízar.

66. *Road to Rio* (*A caminho do Rio*). Paramount. Roteiro: Edmund Beloin, Jack Rose. Direção: Norman Z. McLeod. Com: Bing Crosby, Bob Hope, Dorothy Lamour, Andrews Sisters, The Carioca Boys e, na versão brasileira, Raul Roulien. — Entre as canções de Jimmy Van Heusen e Johnny Burke: "But Beautiful", "Experience", "You Don't Have To Know the Language". O filme inclui "Diz que tem..." (Haníbal Cruz e Vicente Paiva), com Marquita Rivera, "Batuque no morro" (Russo do Pandeiro e Sá Roriz), "Maria" (Ary Barroso e Luiz Peixoto), "Olha ela" (Russo do Pandeiro e Peterpan), "Apanhei-te, cavaquinho" (Ernesto Nazareth).

1948

67. *A Date With Judy* (*O príncipe encantado*). MGM. Roteiro: Dorothy Cooper, Dorothy Kingsley, Aleen Leslie. Direção: Richard Thorpe. Com: Wallace Beery, Jane Powell, Elizabeth Taylor, Carmen Miranda, Xavier Cugat and Orchestra. — Entre as canções: "Cuanto le Gusta?" (Gabriel

Ruiz e Ray Gilbert) e "Cookin' with Gas" (Ray Gilbert e Aloysio de Oliveira), com Carmen Miranda e a orquestra de Xavier Cugat.

68. *The Gay Ranchero* (*Aconteceu no sertão*). Republic. Roteiro: Sloan Nibley. Direção: William Witney. Com: Roy Rogers, Tito Guízar, Jane Frazee, Andy Devine, Estelita Rodriguez. — Entre as canções: "You Belong to My Heart" (Agustín Lara, letra em inglês de Ray Gilbert) e "Granada" (Agustín Lara), com Tito Guízar.

1949

69. *Holiday in Havana*. Columbia. Argumento: Morton Grant. Roteiro: Karen DeWolf, Robert Lees, Frederic I. Rinaldo. Direção: Jean Yarbrough. Com: Desi Arnaz, Mary Hatcher, Ann Doran, Steven Geray, Minerva Urecal, Sig Arno, Nacho Galindo. — Entre as canções: "Rumba Rumbero" (Albert Grasso e Miguelito Valdés).

1950

70. *Nancy Goes to Rio* (*Romance carioca*). MGM. Argumento: Ralph Block, Jane Hall, Frederick Kohner. Roteiro: Sidney Sheldon. Direção: Robert Z. Leonard. Com: Ann Sothern, Jane Powell, Carmen Miranda, Barry Sullivan, Fortunio Bonanova. — Entre as canções: "Nancy's Goin' to Rio" (George Stoll e Earl K. Brent), "Carinhoso" ("Love Is Like This") (Pixinguinha e João de Barro, letra em inglês de Ray Gilbert), com Jane Powell; "Baião" ("Ca-Room' Pa Pa") (Luiz Gonzaga e Humberto Teixeira, letra em inglês de Ray Gilbert) e "Yipsee-I-O" (Ray Gilbert), com Carmen Miranda; "Magic is the Moonlight" (María Grever), "Time and Time Again" (Earl K. Brent e Fred Spielman).

6.
DO "MARROEIRO" DE CÂNDIDO BOTELHO ÀS GRAVAÇÕES DE STOKOWSKI NO CAIS DO RIO

O cantor Cândido Botelho e a fantasia de "marroeiro" (desenhada por Santa Rosa) nos Estados Unidos — Os discos gravados no DIP para ensinar ritmo de samba aos músicos norte-americanos e a realidade da orquestra do "Sr. Paul Laval" — A misteriosa renovação do contrato de Cândido Botelho na NBC e as músicas brasileiras cantadas em inglês — O lançamento do samba "Aquarela do Brasil" por 680 emissoras de rádio dos Estados Unidos no 7 de setembro de 1941, dentro da política de Cordell Hull — A última missão de Cândido Botelho como cantor a serviço do DIP na Rádio El Mundo de Buenos Aires — O sucesso da mulata Zaíra Cavalcanti em países da América do Sul e a volta ao Brasil em 1940 para viver *Lua de mel no Rio* — A cantora Alzirinha Camargo e a aventura nos Estados Unidos ao lado do maestro Ciro Rimac — O trio Nestor, Zezinho e Dinorah e os *shorts* para a Universal Pictures e a Warner Brothers — As gravações de música popular por Leopold Stokowski a bordo do navio *Uruguai*, ao largo do Rio, em 1940.

Entre os artistas brasileiros que se exibiam nos Estados Unidos, no auge da propaganda em torno do sucesso de Carmen Miranda e da promoção oficial do Pavilhão Brasileiro da Feira de Nova York, estava um elegante cantor chamado Cândido de Arruda Botelho. Contratado pelo DIP para cantar no Pavilhão do Brasil na Feira Mundial, Cândido Botelho partiu no dia 11 de junho de 1940, chegou aos Estados Unidos no dia 24 e, já no dia seguinte, 25, fazia a sua primeira apresentação. Como Carmen Miranda agradara vestida de baiana, o criador da "Aquarela do Brasil" no espetáculo de elite *Joujoux e balangandãs*, encenado no Teatro Municipal do Rio, resolveu contribuir também com sua cota de cor local para satisfazer a fome de exotismo das plateias norte-americanas. Segundo ele mesmo anunciava em entrevista concedida antes de embarcar, Cândido Botelho levava como arma secreta uma fantasia de "marroeiro", executada "depois de consultar tradições e hábitos da nossa gente do interior".

"Se o argentino tem a sua indumentária tradicional", explicava ingenuamente o cantor, "se o México, a Espanha, Portugal e outros países mais têm as suas vestimentas regionais, características da sua gente, por que não havemos nós os brasileiros de ter a nossa também?"[59]

O "marroeiro", conforme se poderia verificar mais tarde por fotografias, era uma fantasia bizarra, desenhada pelo cenógrafo e figurinista Santa Rosa, aproveitando diferentes elementos de trajes típicos de gaúchos, vaqueiros e pescadores de diversos pontos do Brasil. Como se fosse feita para retratar as próprias contradições brasileiras, a fantasia era constituída por um chapéu de couro de vaqueiro nordestino, conhecido no Sul como chapéu de cangaceiro, uma proteção de couro para as pernas, amarrada com cadarços à altura das coxas, e levando florões aplicados, a título de enfeite, lenço e botas de gaúcho, com esporas, jaqueta de couro, cinturão largo traspassado por uma enorme faca de cortar churrasco e, para terminar, uma longa vara de conduzir gado de quase dois metros de altura, que o cantor segurava o tempo todo por não ter o que fazer com ela.[60]

Vestido com essa fantasia, Cândido Botelho estrearia dia 5 de julho de 1940 na NBC, possuído das mais puras intenções:

---

[59] A entrevista de Cândido Botelho foi publicada pelo semanário *Cine-Rádio-Jornal* de 13/6/1940, p. 5, sob o título "Cândido Botelho seguiu para os EE.UU.", e uma foto do cantor com o seu traje de "marroeiro" aparece na página 9, acompanhada de uma legenda em que ainda se lê: "No seu repertório incluiu várias composições populares internacionais, inclusive 'Balalaika', num arranjo brasileiro".

[60] A foto de corpo inteiro ilustrou com duas outras feitas nos Estados Unidos a reportagem intitulada "Duzentos contos de réis, além da vitória, foi o que rendeu a excursão de Cândido Botelho aos Estados Unidos", publicada pelo semanário *Cine-Rádio-Jornal* de 13/2/1941, pp. 8-9.

"Tratarei de aproveitar bem a estadia de dois meses nos Estados Unidos", dissera o cantor em sua entrevista, antes de partir, "para tirar o máximo partido não com o fito único de propagar o meu nome, procurando o sucesso pessoal, mas fazendo tudo o que estiver ao meu alcance para elevar a música do Brasil." Ao que acrescentava, mostrando que a sua ingenuidade pessoal era um prolongamento da ingenuidade das próprias autoridades do governo Getúlio Vargas:

> "Levo comigo uma série de discos, gravados especialmente no DIP por obséquio do Dr. Aires de Andrade, gravações essas com canto, piano e bateria em primeiro plano. Esses discos servirão muito para mostrar aos músicos norte-americanos como se faz o acompanhamento das nossas melodias populares, pois como é sabido o estrangeiro encontra grandes dificuldades em aprender o nosso ritmo."[61]

Embora pomposamente anunciado como *The Voice of Brazil*, Cândido Botelho cedo poderia compenetrar-se da candura que o marcava desde o nome: segundo mandava contar dos Estados Unidos em correspondência para *Cine-Rádio-Jornal* o locutor Luís Jatobá, as apresentações do cantor na NBC eram uma tristeza "pela incompreensão do chefe da orquestra, Sr. Paul Laval, quando incluía em seus recitais a música popular".[62]

De nada tinham adiantado os discos do DIP com "bateria em primeiro plano". Mas não era por culpa da "incompreensão do chefe da orquestra", como queria Luís Jatobá: na realidade, o que não havia era a possibilidade de impor a todas as rádios dos Estados Unidos a música brasileira, como os americanos fa-

---

[61] Declarações do cantor publicadas na reportagem "Cândido Botelho seguiu para os EE.UU.", *Cine-Rádio-Jornal*, 13/6/1940, p. 5.

[62] "'Cândido Botelho está fazendo sucesso em Nova York', diz Luís Jatobá", *Cine-Rádio-Jornal*, 24/10/1940, p. 5.

ziam no Brasil com a sua música, permitindo assim que — pelo desejo de imitação — os bateristas pudessem se aproximar do ritmo original, tal como conseguem os fanáticos de *jazz* de todo o mundo.

Desde sua primeira apresentação pelo microfone da NBC, a 5 de julho, aliás Cândido Botelho — tal como Carmen Miranda — compreendera que era preciso ceder em matéria de nacionalismo e, após cantar normalmente em português as músicas "Xangô", "Doce mistério da vida" e "Touradas em Madri", lançou como trunfo final a "Aquarela do Brasil" — em inglês.

Como no caso de Carmen Miranda, por trás dessas apresentações de Cândido Botelho ia atuar mais uma vez o poder do Departamento de Estado. Por não oferecer a audição do cantor brasileiro qualquer atração para os norte-americanos, e porque o seu programa não podia logicamente ter patrocinador, só o interesse superior do governo norte-americano poderia explicar a sua transmissão.

E o curioso era que o próprio cantor ia pôr em evidência esse pormenor, embora sem percebê-lo, quando declarou após sua volta ao Brasil, em fevereiro de 1941:

> "É interessante notar que minhas programações não tinham anúncio de espécie alguma, tratando-se pois de simples oferta da grande estação americana aos seus milhares de ouvintes. No fim dos dois meses do contrato ofereceram-me nova proposta e assim renovei meu compromisso por mais outros sessenta dias."[63]

---

[63] Entrevista a *Cine-Rádio-Jornal*, 13/2/1941, já citada. Nessa mesma entrevista, por sinal, Cândido Botelho revela que cantavam (ou pensavam que cantavam) música brasileira nos Estados Unidos, por aqueles idos de 1940, a mulata brasileira filha de pais norte-americanos Elsie Houston, Fernando Alvarez, "que canta numa orquestra brasileira que há no Copacabana *night club*, conjunto organizado pelo pianista brasileiro de nome Marti,

Se o cantor Cândido Botelho pudesse perceber o que significava essa "simples oferta da grande estação americana", entenderia também, sete meses mais tarde, por que o samba apoteótico ao qual ele contribuíra para dar popularidade, o célebre "Aquarela do Brasil", ia merecer da Southern Music Publishing um lançamento nacional por 680 estações de rádio no dia 7 de setembro de 1941 — para comemorar a Independência do Brasil.[64]

O fato é que, com as portas se abrindo milagrosamente, por efeito tão somente das quatro palavras mágicas da Política da Boa Vizinhança, Cândido Botelho pôde apresentar aos norte-americanos durante sete meses o seu eclético repertório, que ia desde as canções folclóricas harmonizadas por Luciano Gallet, e

---

que se casou com a cantora Julieta Juárez, que também já esteve no Rio e por isso aprendeu a cantar nossas músicas" e, finalmente, Alzirinha Camargo, "contratada como solista da orquestra Rimac".

[64] Essa informação do lançamento, por assim dizer, oficial do samba "Aquarela do Brasil" foi colhida numa pequena notícia intitulada "Walt Disney filmará 'Aquarela do Brasil'", publicada no semanário *Cine-Rádio-Jornal* de 25 de agosto de 1941, p. 16, por ocasião da visita do desenhista norte-americano ao nosso país. Essa nota revela o verdadeiro objetivo da vinda de Walt Disney ao Brasil, e vale ser transcrita na íntegra:

"Na audição de músicas populares brasileiras, especialmente para Walt Disney, uma das que mais impressionaram esse artista americano foi 'Aquarela do Brasil', de Ary Barroso. Tanto assim que Walt Disney entrou imediatamente em negociações com o autor da música para aproveitá-la em um desenho animado inspirado na letra e melodia do samba. Entre Walt Disney e Ary Barroso foi assinado o respectivo acordo, tendo este último entrado imediatamente na posse da primeira parcela em dinheiro, equivalente a vinte e tantos contos de réis. Aliás, os direitos de execuções de 'Aquarela do Brasil' nos Estados Unidos, Ary Barroso também já os vendeu à editora ianque Southern Music Publishing, que pretende apresentar a música no dia 7 de setembro próximo comemorando a Independência do Brasil em 680 estações norte-americanas, na cadeia BMI, da qual fazem parte a National Broadcasting e a Columbia. Além disso, oito grandes companhias vão gravar o samba em arranjos e estilizações diferentes, tudo sem prejudicar o filme que Walt Disney realizará."

as produções quase eruditas de Heckel Tavares, até as marchinhas ingênuas tipo "Touradas em Madri" e as moxinifadas orquestrais no estilo "Aquarela do Brasil".

Após contrato para uma série de apresentações no Troika, um *night club* especialista em números russos em Washington, Cândido Botelho apareceu num quadro da revista *All in Fun*, estreada em Boston, e que culminou no palco do Majestic de Nova York. O quadro do finíssimo Cândido Botelho — que tinha de fato a aparência de um *gentleman* — era muito sugestivamente intitulado "Macumba", e nele o cantor interpretava a canção "Banzo", de Heckel Tavares, que fora lançada no Brasil por Jorge Fernandes.

Na missão oficial que o levara aos Estados Unidos, entretanto, o ponto culminante da temporada fora a participação de Cândido Botelho em dois dos seis espetáculos da série realizada no Museu de Arte Moderna de Nova York, de 16 a 20 de outubro de 1940, para apresentar as músicas "fina", popular e folclórica do Brasil. No primeiro programa Cândido Botelho cantou "Sai Aruê", de Camargo Guarnieri, "Canção do mar" e "Toada pra você", de Oscar Lorenzo Fernández, e "A coieita", de Francisco Mignone, "Funeral de um rei nagô" e "Banzo", de Heckel Tavares, "Iaiá baianinha", de Humberto Porto, e "Xangô", de Villa-Lobos, as quatro primeiras com acompanhamento de piano, as quatro últimas ao som da orquestra de Romeu Silva. No terceiro programa Cândido Botelho cantou "Sertão no estio", "Teiru" e "Jaquibau", merecendo dias depois, como todo prêmio, esta referência do crítico Oscar Thompson no *Evening Sun*, de Nova York (17 de outubro de 1940): "Mr. Botelho placed to his credit some effective singing in art songs by Guarnieri, Fernández, Mignone and Vadico" ("O Sr. Botelho teve a seu crédito algumas interpretações positivas de canções artísticas de Guarnieri, Fernández, Mignone e Vadico").

Nessas apresentações, Cândido Botelho contara com o acompanhamento de Vadico, ao piano, e da orquestra de Romeu Silva. Em seu último contrato nos Estados Unidos, no *night club*

La Conga, porém, onde realizou três *shows* por noite até 13 de dezembro (quando voltou ao Brasil), o cantor teve que se valer do que pôde encontrar: um pianista chamado Noro Morales, que já estivera no Brasil, e um baterista, Humberto, que por ter morado no Rio de Janeiro ainda garantiu um acompanhamento mais ou menos brasileiro para os seus números-chaves — a indefectível "Aquarela do Brasil", de Ary Barroso, e o "Banzo", de Heckel Tavares.

De regresso ao Rio no início de fevereiro de 1941, Cândido Botelho ainda seria enviado pelo DIP, em meados de abril, a Buenos Aires, para se apresentar na *Hora do Brasil* da rádio El Mundo, mas o tempo da grande investida tinha passado. O elegante Cândido de Arruda Botelho, *The Voice of Brazil*, passaria mesmo a viver da recordação dos seus grandes dias na NBC (cantava às sextas-feiras, às 22h45, o "Meu limão, meu limoeiro", o "Boto Sinhá", de Waldemar Henrique, e a "Dama das Camélias"), quando abria seus programas com um sonoro grito de "marroeiro!...", de sua criação e que ele definia como "um aboio do Nordeste, longo e sonoro".

Paralelamente às exibições de Carmen Miranda, do Bando da Lua, da Orquestra de Romeu Silva e de Cândido Botelho, alguns outros artistas levaram ainda música popular brasileira ao conhecimento do exterior por essa mesma época, em aventuras isoladas.

A cantora Zaíra Cavalcanti, uma bela mulata definida por Orestes Barbosa no seu livro *Samba*[65] como "um bago de jaca, doce e moreno", desde 1935 realizava temporadas pela Argentina, Uruguai, Chile, Peru e Bolívia, podendo voltar ao Rio de Janeiro como triunfadora em 1940, para figurar em cenas do filme argentino *Lua de mel no Rio*, do qual era a artista principal.

Antes de Zaíra, em 1931, o flautista Nicolino Cópia, de São Paulo, que estreara em 1927 tocando no paulistano Cine Poli-

---

[65] Orestes Barbosa, *Samba: sua história, seus poetas, seus músicos e seus cantores*, Rio de Janeiro, Livraria Educadora, 1933.

teama, conseguira um emprego na orquestra de um navio do Lloyd Brasileiro e fora parar em Hamburgo. Nicolino Cópia, o Copinha, exibiu-se na boate Alcazar, e não deve ter desagradado, já que um ano depois, em 1932, ainda ia voltar a Hamburgo para novas atrações no mesmo Alcazar.

Moreira da Silva, apelidado por César Ladeira O Tal, exibia-se em Portugal em fins de 1939 e início de 1940, chegando a tomar parte no filme *A varanda dos rouxinóis*, de Leitão de Barros.

Russo do Pandeiro, um paulista criado em meio de sambistas cariocas, conquistava com seu ritmo e sua simpatia a vedeta Josephine Baker, em 1939, e partia para a França, de onde iria para os Estados Unidos, fixando residência em Hollywood a partir de 1947, e só voltando ao Brasil para se tornar funcionário público durante a década de 1950.

Além desses artistas, uma cantora de muita beleza e voz medíocre, Alzirinha Camargo, se uniria a um chefe de orquestra chamado Ciro Rimac para uma temporada nos Estados Unidos, que começou no Pavilhão Brasileiro da Feira de Nova York, no início de setembro de 1940, continuou numa série de *shows* no palco do Loew's State Theatre, na Broadway, e se estendeu até 1954, quando já ninguém mais se lembrava das marchas "Música, maestro!", "Eu não te dou a chupeta" e "O passarinho do relógio", com que a cantora começara tentando abrir caminho, para logo ter que adotar o turbante e a fantasia de baiana de Carmen Miranda, e desaparecer no anonimato.

Com essas figuras, e as dos violonistas Nestor e Zezinho formando eventualmente um trio com a cantora Dinorah (como, por exemplo, quando tomaram parte em *shorts* da Universal Pictures e Warner Brothers, em meados de 1941), ia terminar a ilusão da conquista do mercado de música popular estrangeiro alimentada pelas facilidades invisíveis da Política da Boa Vizinhança, a partir do fim da década de 1930. Afora um ou outro aproveitamento de número brasileiro, em filmes ou *shorts* de Hollywood — como o da orquestra de ritmos sul-americanos de

Henry King, para o qual Vadico e Nestor compuseram um samba chamado "Ioiô", em inícios de 1941 —, a música brasileira nos Estados Unidos, principalmente, cedia de uma vez por todas o lugar à rumba e à conga, de ritmos mais fáceis de estilizar. Abre-se a era da orquestra de Xavier Cugat, e até brasileiros das cidades começavam a balançar as cadeiras ao ritmo de "Cuando yo bailo la conga", gravada pela orquestra do norte-americano Louis Cole. A própria cantora Carmen Miranda, a "embaixatriz da música popular brasileira", de volta de sua primeira viagem de férias ao Brasil, podia já esquecer também sem qualquer repercussão as antigas veleidades nacionalistas e gravar em julho de 1941 a composição de Harry Warren e Mack Gordon "Good Night".[66]

A partir daí, até a segunda investida em massa da bossa nova, 20 anos depois, o samba brasileiro só seria ouvido nos Estados Unidos em seu ritmo original quase como uma raridade de interesse científico, como aconteceu quando o maestro Leopold Stokowski fez editar em discos Columbia dezesseis das de-

---

[66] Por sinal, quando os filmes realizados em Hollywood por Carmen Miranda começaram a ser exibidos, verificou-se mesmo um fenômeno que o economista Roberto Campos chamaria de inversão de expectativas. Assim, uma notinha publicada na última página do semanário *Cine-Rádio-Jornal* de 17 de setembro de 1941 já podia anunciar, referindo-se à exibição de um dos filmes da cantora que fora levar a música popular brasileira aos Estados Unidos: "*Uma noite no Rio*, o mais recente filme de Carmen Miranda, que está sendo exibido nesta capital, apresenta-nos uma série de melodias bonitas, todas de autoria de Gordon e Warren, os geniais compositores de 'Down Argentine Way'. São elas: 'I, Yi, Yi, Yi, Yi', 'They Met in Rio' e 'Chica Chica Boom Chic'". Isso para não lembrar que, em seu número de 15 de maio desse mesmo ano de 1941, *Cine-Rádio-Jornal* publicou na última página uma foto de Carmen Miranda e Don Ameche numa cena do filme *Road to Rio*, com uma legenda que dizia: "Os enfeites típicos das roupas vistosas de Carmen Miranda apresentadas em seus filmes inspiram-se, é certo, em motivos brasileiros, mas seus lançamentos aqui no Brasil têm sido feitos via Hollywood. Aqui estão os novos balangandãs e adornos do turbante já famoso de Carmen, prontos para as infalíveis cópias nacionais".

zenas de músicas de compositores populares gravadas em 1940 a bordo do navio *Uruguai*, atracado no Rio de Janeiro, aproveitando inclusive o ritmo de sambistas da Escola de Samba de Mangueira.[67]

---

[67] Informação de Lúcio Rangel em *Sambistas e chorões*, citado, pp. 74-5. Esclarecendo que a indicação dos artistas João da Baiana, Donga, Luís Americano, Jararaca, Ratinho, José Espinguela com seu Cordão dos Velhos, Agenor de Oliveira (Cartola) e José Gonçalves (Zé Com Fome, depois Zé da Zilda) deveu-se a iniciativa de Villa-Lobos.

7.
XAVIER CUGAT E A MATÉRIA-PRIMA CENTRO E SUL-AMERICANA —
OS ANJOS DO INFERNO NO MÉXICO

> A orquestra de Xavier Cugat e a industrialização da matéria-prima musical centro e sul-americana — Carmen Cavallaro, Ethel Smith e o pan-americanismo musical dos choros, das congas e das rumbas — O mexicano Pedro Vargas no Brasil e os brasileiros do conjunto Gente do Morro, de Benedito Lacerda, na Argentina — O lançamento de Leny Eversong em Buenos Aires como cantora "americana" — A trajetória de Fon-Fon e sua "orquestra *swing* cento por cento" — A orquestra Os Cariocas com quatro italianos e um francês em Roma — Os Anjos do Inferno no México e a tentativa de conquista do mercado interamericano.

A partir do momento em que a iniciativa privada norte-americana se mostrou capaz de substituir o Departamento de Estado no esforço patriótico de estabelecer relações mais estreitas com os países das Américas, principalmente através do disco e do cinema, desapareceram as estranhas facilidades do tempo da Feira de Nova York, e o *rush* de artistas brasileiros para os Estados Unidos perdeu a intensidade.

Ao mesmo tempo em que isto acontecia, os espertos empresários musicais norte-americanos, percebendo que tinha chegado a hora de industrializar a matéria-prima musical centro e sul-americana por conta própria — o que já faziam usando a brasileira Carmen Miranda —, tiveram a sorte de encontrar em Nova York um deslocado caricaturista espanhol chamado Xavier Cugat, que acabava de criar uma orquestra de ritmos "latino-americanos", e estimularam a sua música. Como num passe de mágica, o antigo violinista — que chegou a acompanhar Caruso em vários recitais, e depois deixou a arte para ingressar como desenhista no jornal *Los Angeles Times* — transformou-se num caixeiro-viajante a serviço das gravadoras e editoras norte-americanas, passando a reexportar como produto acabado rumbas e congas agora fabricadas nos Estados Unidos.

Para seu consumo interno — considerando que a onda de simpatia pelos povos das Américas criara a voga dos ritmos do "South of Rio Grande" — os norte-americanos usavam o som das produções do porto-riquenho Noro Morales, o famoso autor da rumba "Bim-Bam-Bum", mas não esqueciam de formar seus próprios especialistas.

De fato, enquanto o pianista nova-iorquino Carmen Cavallaro começava a espalhar pelo mundo os ritmos aprendidos com Enric Madriguera, estilizando ao piano até músicas de roda brasileiras, a pianista Ethel Smith se preparava para voos maiores, explorando o som do órgão elétrico Hammond, descoberto por acaso num estúdio de Hollywood. Muito esperta, a jovem pianista criadora da novidade do uso do órgão na música popular conseguiu engajar-se em 1942 na comitiva de Cordell Hull à primeira Conferência Pan-Americana, no Rio de Janeiro, e o resultado excedeu suas expectativas: além de ganhar de saída um contrato no hotel Copacabana Palace, descobriu um filão de ritmos e de melodias que, após uma série de outras viagens a dezessete países das Américas, viria permitir-lhe viver largos anos à custa de sambas, choros, rumbas e congas.

Curiosamente, porém, enquanto a indústria musical norte-americana aperfeiçoava as suas formas de exploração dos mercados "latinos", os próprios países das Américas, acreditando na filosofia proposta pelo pan-americanismo, imaginaram ser possível um intercâmbio cultural interno, e começaram a fazer seus artistas viajarem. Assim, como a Argentina resolveu entrar firme com seus tangos — em resposta à excursão do samba a Buenos Aires, em 1935, do conjunto Gente do Morro, de Benedito Lacerda — e o próprio México também entrava a atacar, mandando regularmente ao Brasil o seu cantor Pedro Vargas (quando não mandava o médico Dr. Ortiz Tirado, mais dirigido às elites), o

Brasil pensou mais uma vez ter chegado o momento de exportar os seus ritmos e passou, assim, a abrir novas frentes: em 1941 a orquestra de Fon-Fon parte para exibições na Rádio Splendid, de Buenos Aires, e, em 1946, enquanto os Anjos do Inferno vão para o México, Djalma Ferreira se dirige a Lima, no Peru.

Dessa primeira leva de músicos brasileiros que se aventuraram em excursões a países das Américas (a cantora Leny Eversong, que desde 1935 se especializara em repertório americano, iria também a Buenos Aires em 1948, mas apresentando-se ridiculamente como cantora norte-americana, embora precisasse decorar as letras das músicas ouvindo discos, pois nem sabia inglês), a figura mais importante foi a do saxofonista Otaviano Romero Monteiro, o maestro Fon-Fon.

Tal como acontecera com o Bando da Lua, a orquestra do maestro Fon-Fon (que ganharia esse apelido ao tempo de músico do 2º Regimento de Infantaria do Exército, por gostar de tocar caprichando nos graves) já ia igualmente agradar no estrangeiro não tanto pela sua condição de representante dos ritmos brasileiros, mas pelo fato de apresentar-se com um *ensemble* que soava como um eco das grandes orquestras norte-americanas.

Organizada a sua orquestra para tocar músicas de dança ao gosto das elites frequentadoras do Assírio, no Rio de Janeiro, em 1935, Fon-Fon imprimiu uma rígida disciplina ao conjunto composto por alguns dos melhores músicos da época (pistonistas Justo e Floriano, saxofonistas Valter, Moreno e Chico Marinheiro, trombonista Carioca, pianista Centopeia, baterista Isnard, e, mais tarde, pistonistas Pernambuco e Guaxinim, pianistas Fats Elpídio e Nogueira, baterista Moisés Friedman e contrabaixista Juca), até conseguir esse som que constituiu a sua marca.

O colunista Caribé da Rocha, em crônica datada de 5 de abril de 1940, um ano antes da partida da orquestra para a Argentina, daria um testemunho da maneira de Fon-Fon trabalhar seus músicos, durante os ensaios na Rádio Clube:

"Assistimos durante algum tempo o acerto que o diretor do interessante conjunto estava fazendo de mais um arranjo de Carioca, trombonista da orquestra", escreve Caribé, acrescentando: "A música era 'Quando a Violeta se casou', orquestrada em ritmo de *swing*. Com uma paciência incrível Fon-Fon fazia com que seus rapazes repetissem três, quatro, cinco vezes os mesmos compassos para que tudo ficasse certinho. E ia de um a um, corrigindo ora o ritmo, ora a interpretação, sempre com um sorriso nos lábios. Vez por outra ensaiava só os metais, ou só os saxofones, ou ainda só a bateria. E depois todos juntos".[68]

Como resultado, Fon-Fon conseguiu "a fama de uma das melhores orquestras do país", segundo escrevia ainda Caribé da Rocha, acrescentando a particularidade que explicava o seu sucesso junto às modernas camadas da classe média das cidades, inteiramente voltadas para a contemplação dos modelos norte-americanos importados com os filmes musicais e os discos de danças das grandes orquestras de Artie Shaw, Benny Goodman e Tommy Dorsey:

"O conjunto adotou o ritmo americano moderno que é acentuadamente o sincopado. Orquestra *swing* cento por cento."[69]

Com essa "orquestra *swing* cento por cento", Fon-Fon viveria cinco anos no exterior tocando música popular brasileira. Após sua volta da Argentina, em 1942, Fon-Fon passa da fábrica Columbia para a Odeon, gravando durante quase cinco anos centenas de discos como acompanhante de alguns dos maiores cantores da época, além de deixar alguns grandes choros gravados pela orquestra, com ele próprio como solista, e dos quais o maior é certamente o que levava o seu nome: o famoso choro "Fon-Fon".

---

[68] Caribé da Rocha, seção "Falando a todo mundo", do jornal *Correio da Noite*, 5/4/1940, crônica da série "Comentando...".

[69] Caribé da Rocha, crônica citada.

No início de 1947, convidado pelo Club des Champs Elysées, de Paris, Fon-Fon embarca com sua orquestra para a Europa, passando a peregrinar nos anos seguintes ao sabor de contratos eventuais em Lisboa, Barcelona, Bruxelas e Milão. Em agosto de 1951 a morte iria encontrar Fon-Fon em Atenas, na Grécia, quando a orquestra já estava enxertada com quatro músicos italianos e um francês. A fama de disciplinador do saxofonista de Santa Luzia do Norte, no estado de Alagoas, tinha conseguido criar já então um tal espírito de integração entre seus músicos, que nem a morte ia conseguir destruir imediatamente a orquestra de Fon-Fon. Em 1952, quando a escritora brasileira Dinah Silveira de Queiroz entrou um dia no restaurante Rupe Tarpeia, de Roma, ficou surpresa de ouvir música brasileira tocada por uma orquestra intitulada Os Cariocas: eram os remanescentes da orquestra de Fon-Fon, que com os quatro italianos e o francês formados pelo antigo líder, continuavam a explorar o velho estilo "acentuadamente sincopado".[70]

O segundo grupo de artistas saídos do Brasil na década de 1940 na tentativa da conquista do mercado interamericano de música popular foi o dos Anjos do Inferno. Oriundo de um grupo fundado em 1934 com esse nome pelo cantor Oto Borges, que já introduzia a novidade do som de pistão imitado por Milton Campos, apertando o nariz, os Anjos do Inferno, desde 1936 dirigidos por Léo Vilar (responsável pela descoberta do segundo pistão nasal, Harry Vasco de Almeida), partiu com um contrato de quatro meses no México, em fevereiro de 1947, para só voltar ao Brasil em 1951.

Durante esses anos, os músicos dos Anjos do Inferno (que no Brasil já tinham tomado parte no filme *Abacaxi azul*, em

---

[70] Dinah Silveira de Queiroz, correspondência enviada de Roma em junho de 1952 para o jornal *A Noite*, do Rio de Janeiro, transcrita sob o título "A música brasileira na Europa" no *Boletim da SBACEM* (Sociedade Brasileira de Autores, Compositores e Editores de Música), nº 12, julho-outubro de 1962, p. 15.

1944), alternam suas atividades entre *shows* em *night clubs*, para um constante público de turistas norte-americanos sequiosos de exotismo, e o trabalho em estúdios cinematográficos, o que lhes permitiu aparecer cantando em nada menos de onze filmes mexicanos, oito dos quais ao lado de Ninón Sevilla, grande vedeta da época.

A proximidade dos Estados Unidos constituía a essa altura para os componentes dos Anjos do Inferno uma atração tão forte que, em 1948, quatro deles não resistiram: convidados a reforçar o Bando da Lua, Harry Vasco de Almeida (que parecia sofrer o determinismo do prenome inglês e acabaria vendedor de artigos elétricos em Hollywood), Aluísio Ferreira, Valter Pinheiro e José Soares, o pandeirista Russinho, rendem-se ao apelo de Hollywood, e abandonam o conjunto liderado por Léo Vilar.

Foi com esses instrumentistas, aliás, que o Bando da Lua, inteiramente descaracterizado pela progressiva substituição dos antigos integrantes por músicos norte-americanos, voltou a atuar como um conjunto brasileiro sob a liderança de Aloysio de Oliveira, até a volta ao Brasil, em 1955, após a morte de Carmen Miranda.

Enquanto isso, no México, Léo Vilar, não desejando incorrer no erro do Bando da Lua de perda de característica, envia convites ao violonista Nanai, ao também violonista e tocador de tantã Chicão e ao pandeirista e cantor Miltinho, que mais tarde ficaria famoso como *crooner* de boate e intérprete dos chamados sambas de balanço. Eles aceitam imediatamente, e os Anjos do Inferno retomam o seu lugar.

Com essas novas figuras Léo Vilar chegaria a excursionar aos Estados Unidos, atuando ao lado de Carmen Miranda em Los Angeles, e a manter um programa de rádio no México sob o título *Coisas e aspectos do Brasil*, durante nada menos de dois anos. Em 1951, finalmente, após uma excursão pelo Chile e Argentina, os Anjos do Inferno deram por encerrada a sua aventura no exterior, voltando ao Brasil para extinguir-se em 1953. Graças à perseverança do líder Léo Vilar, entretanto, ainda iam ressurgir pelo menos duas vezes: em 1959, quando se apresentaram durante seis meses como atração da revista *De Cabral a JK*, de Max Nunes, J. Maia e José Mauro, no Teatro João Caetano, no Rio de Janeiro, e em 1967, quando Léo, Harry, Valter Pinheiro, Aluísio Ferreira, José Soares e Roberto Medeiros juntaram-se para lembrar os velhos tempos tocando às segundas-feiras no Arena Clube de Arte, também no Rio.[71]

---

[71] Em 1968 os jornais voltaram a falar no conjunto Anjos do Inferno, mas em apelos à caridade pública: Léo Vilar, o antigo líder e batalhador da divulgação da música popular brasileira no exterior, após uma sucessão de infartos, estava sem dinheiro até para pagar a conta do hospital. O silêncio só voltaria então a ser quebrado com a morte de Léo (Antonio Fuína), na manhã de 1º de março de 1969, cujo sepultamento se deu à tarde no Cemitério do Caju, no Rio de Janeiro.

8.
VADICO E JOEL — O BALÉ BRASILIANA — AS TENTATIVAS DE ASSIS CHATEAUBRIAND NA EUROPA

> Vadico, Katherine Dunham e o LP *Voyage au Brésil* — Joel de Almeida na Argentina e o sucesso da rumba "Nasci para bailar" — Waldemar Henrique, sua irmã Mara, Jorge Fernandes, o casal Lindolfo Gaya e Stelinha Egg e as canções de sabor folclórico na Europa — A contribuição do balé Brasiliana — O Festival de Arte Negra de Dacar — A Lei Humberto Teixeira, as excursões oficiais e a opção do maestro Léo Peracchi pelos Estados Unidos — As promoções artístico-comerciais de Assis Chateaubriand na França e na Itália.

Durante os anos em que a música popular brasileira se fez representar no exterior, de uma maneira geral, por Carmen Miranda e o Bando da Lua nos Estados Unidos, pela orquestra de Fon-Fon na Europa, e pelo conjunto dos Anjos do Inferno no México, vários artistas tentaram individualmente a conquista da fama em países das Américas, da Europa e até em palcos da África e da Austrália, como foi o caso do grupo de balé folclórico Brasiliana, formado por Miécio Askanasy.

Por esse tempo, realmente, até brasileiros radicados nos Estados Unidos, como o compositor e pianista Vadico, podiam ainda dar-se ao luxo de servir eventualmente à expansão da própria cultura popular norte-americana pelo exterior. Este, Oswaldo Gogliano, por exemplo, um filho de imigrantes italianos do bairro do Brás, em São Paulo, e conhecido como Vadico, tinha-se deixado ficar nos Estados Unidos quando a orquestra de Romeu Silva voltou ao Brasil em 1940. Lá radicado, juntou-se ao Bando da Lua, acompanhando Carmen Miranda até 1945; deixou depois o conjunto, passando a tocar em orquestras norte-americanas; voltou ainda uma vez a acompanhar a cantora brasileira em sua *tournée* a Londres, em 1948; tornou a fixar residência em Nova York; e, em 1949, assinava um contrato com a bailarina negra Katherine Dunham, que lhe permitiria viajar na sua companhia pela América do Sul e pela Europa, onde chegou a encaixar três choros de sua autoria num *long-playing* gravado por Katherine em Paris, sob o título *Voyage au Brésil*.[72]

Os que não chegaram a desferir voos tão altos, nas décadas de 1940 e 1950, puderam ainda assim realizar uma série de tentativas de colocação da música popular fora da esfera de influência norte-americana.

O cantor Joel de Almeida, que desde 1930 formava uma famosa dupla com o violonista Francisco de Paula Brandão Rangel, o Gaúcho, seria um exemplo. Separando-se pela primeira vez do seu parceiro em 1946, passa mais de quatro anos na Argentina, cantando e animando programas numa rádio de Buenos Aires, e, numa tentativa mais ousada, chega a entrar de sócio na boate El Baroco. Quando volta ao Brasil, em 1951, entretanto, é obrigado a reconhecer que a música de maior sucesso de toda a temporada fora a rumba "Nasci para bailar", que chegaria a ser gravada pela orquestra de Roberto Inglês.

Mais surpreendentemente ainda, Waldemar Henrique, um músico e compositor paraense de formação erudita, mas especialista em músicas tão marcadamente regionais que muitas vezes chegaram a ser tomadas por folclore ("Foi Boto, Sinhá", "Cobra-Grande", "Tambatajá", "Boi-Bumbá", "Coco Peneruê" e o famoso "Trem de Alagoas", com letra do poeta pernambucano Ascenso Ferreira), conseguiu ser ouvido na Europa, em 1948, juntamente com a irmã, de nome Mara. A partir de Lisboa, onde foi saudado pelo pioneiro do futurismo em Portugal, o escri-

---

[72] Informação colhida na reportagem "Herberto Sales escreve: Vadico, parceiro de Noel", publicada na revista *A Cigarra*, de outubro de 1965, pp. 30-3, e na qual o escritor e jornalista Herberto Sales, amigo pessoal de Vadico, ainda lamenta: "Inacreditavelmente, a matriz desse disco até hoje não foi importada".

tor Antonio Ferro, Waldemar Henrique acompanhou ao piano a cantora Mara durante uma larga temporada em cidades portuguesas, espanholas e francesas, tendo o diplomata Vasco Mariz testemunhado o seu sucesso em Paris, em 1949.[73] De volta ao Brasil, Waldemar Henrique torna a excursionar em 1954, agora em companhia do cantor Jorge Fernandes, ao Uruguai e Argentina, e finalmente, em 1955, em nova viagem à Europa, grava dois *long-playings* com músicas de autêntico sabor brasileiro.

Finalmente — e ainda dentro dessa tendência de excursão em família — exibiu-se em nove países da Europa o casal maestro Lindolfo Gaya e cantora Stelinha Egg. Durante 10 meses, a partir de fins de 1955, o casal apresentou um repertório de música predominantemente folclórica na Ucrânia, França e Portugal, onde as exibições resultaram na gravação de um LP. Nessa área dos países socialistas a atuação seria a partir daí quase exclusiva dos cantores Jorge Goulart e Nora Ney, que durante 15 anos realizariam viagens periódicas, empresando a cada vez ritmistas populares e artistas de menor categoria.

A tentativa particular de envio ao exterior de um grupo organizado para apresentação de danças e ritmos populares em nível artístico foi o do Grupo de Teatro Folclórico Brasileiro denominado Brasiliana, fundado por Miécio Askanasy em 1950.

Iniciadas as viagens em 1951 pela Argentina e pelo Uruguai, o grupo de dançarinos, quase todos negros e mulatos cariocas, exibiram-se em 20 cidades desses países e do Chile, Peru e Colômbia, na segunda excursão de 1952, aparecendo a partir de 1953 até 1958 em filmes europeus como *Ci Troviamo in Galleria*, com Sophia Loren (Roma, 1953), *Nachts im Grünen Kakadu* (Hamburgo, 1957) e *Meine Frau macht Musik* (Berlim, 1958). Com o maestro José Prates à frente do grupo de ritmistas, lide-

---

[73] Vasco Mariz, *A canção brasileira*, Rio de Janeiro, Ministério da Educação e Cultura, Serviço de Documentação, 1959, capítulo "Terceira geração nacionalista", pp. 97-9.

rados por Mateus e Valdemar Bastos, e tendo Nelson Ferraz como cantor, o conjunto Brasiliana agradou na Europa pelo exotismo das fantasias, pela explosão do seu ritmo à base de percussão, a alegria dos seus componentes (gente que, no fundo, se divertia a cada apresentação como se estivesse brincando num bloco de carnaval) e pelo seu repertório genuinamente brasileiro: "No cafezal", "Candomblé da Bahia", "Como nasce o samba", "Terra seca", "Maracatu do elefante", "Sábado de Aleluia na vila", "Funeral de um rei nagô", "Ritmos brasileiros", "Carnaval", etc. Em quase 20 anos de atividades pelo exterior o conjunto Brasiliana ia orgulhar-se de suas quase 2 mil apresentações, embora, já em 1968, o crítico de uma revista especializada em balé acusasse a sua decadência em Paris, ao escrever que a coreografia e as fantasias pareciam de um conjunto de cabaré, só se salvando o ritmo, que continuava com a marca da vitalidade da criação popular brasileira.

Nessa parte do ritmo de percussão, por sinal, depois do Brasiliana, somente os africanos chegariam a ouvir algo semelhante, quando em abril de 1966 o Itamaraty enviou ao Festival de Arte Negra de Dacar os grupos de capoeira de Mestre Pastinha e Camafeu de Oxóssi, e a veterana carnavalesca Clementina de Jesus cantou para 10 mil pessoas num estádio de futebol, acompanhada pelos compositores da camada popular carioca Elton Medeiros (atabaque) e Paulinho da Viola (violão), ao lado ainda de Ataulfo Alves e Suas Pastoras (isso tudo apesar de o Itamaraty, no afã de mostrar a "evolução" da música popular brasileira, ter incluído os músicos bossa-novistas de um conjunto intitulado Trio Som-3 para tocar americanizadamente o samba "Garota de Ipanema", de Tom Jobim e Vinicius de Moraes).

Já a tentativa oficial que viria acrescentar um ponto positivo à iniciativa particular do Brasiliana deu-se em 1958 com a aprovação da chamada Lei Humberto Teixeira, que previa o envio anual, ao exterior, de um conjunto de cantores e instrumentistas populares brasileiros, para apresentações em teatros, *night clubs* e rádios, principalmente da Europa.

A ideia fora lançada no auge da popularidade internacional do baião por um dos seus estilizadores urbanos, o compositor cearense Humberto Teixeira, que, eleito deputado federal, conseguiu incluir no orçamento do Ministério da Educação e Cultura uma verba para a promoção da música popular brasileira no exterior.

A primeira excursão oficial foi realizada em 1958, após um convênio entre o Ministério da Educação, então ocupado pelo Sr. Clóvis Salgado, e a União Brasileira de Compositores (UBC), da qual fazia parte o compositor-deputado, por isso escolhido chefe da delegação. Composta pelo maestro Guio de Morais, pelos músicos do Trio Irakitan, por Sivuca (acordeom), Dimas (bateria), Pernambuco (pandeiro e zabumba) e Abel (clarineta), a caravana denominada Os Brasileiros começou suas apresentações em Lisboa, exibiu-se no Palladium, de Londres, no Olympia, de Paris, e espalhou discos pela Europa, com uma expectativa segundo a qual, em pouco tempo, o Brasil estaria "exportando nossa música popular em grande escala, impressa e gravada em discos". O próprio ministro Clóvis Salgado, autor dessa declaração, escreveria um ano depois, por ocasião da segunda caravana de artistas à Europa (ele foi saudado, ao visitar Lisboa, pelo conjunto Brasília Ritmos, com Waldir Azevedo à frente, no auge do sucesso mundial do baião "Delicado"):

> "É exatamente isso [referia-se o ministro ao prosseguimento da campanha de promoção] que se tem em mira: uma propaganda séria, sistemática, repetida periodicamente todos os anos, para conquistar a Europa e em breve os Estados Unidos (este ano foi escolhido o maestro Léo Peracchi para abrir essa segunda frente). Temos, assim, a íntima impressão de que, em data próxima, lograremos obter essa conquista."[74]

---

[74] Clóvis Salgado, "Nossa arte no exterior", correspondência enviada

O ministro da Educação, é certo, escrevia nesse ano de 1959 sob o entusiasmo do sucesso das músicas brasileiras divulgadas pelos filmes O cangaceiro (1953) e Orfeu do carnaval (premiado no Festival de Cannes de 1959), mas a falta de percepção da existência das relações entre poder industrial e capacidade de impor cultura ia frustrar, ainda uma vez, essas esperanças oficiais.[75]

Assim, aberta a "segunda frente", o seu primeiro resultado prático, ainda naquele ano de 1958, fora o golpe do maestro Léo Peracchi, aproveitando a passagem e os dólares da excursão para se deixar ficar, espertamente, trabalhando nos Estados Unidos.

Ainda assim, as caravanas anuais enviadas ao exterior com verbas do Ministério da Educação e a colaboração da UBC continuaram a fazer ouvir a música popular brasileira no estrangeiro, embora com sua possível influência sempre circunscrita à área das cidades visitadas: em 1960 Radamés Gnattali e seu Sexteto (sua irmã Aída, Chiquinho, Meneses, Vidal, Luciano Perrone e o cantor Luís Bandeira) e mais Edu da Gaita refazem mais ou menos a mesma rota da primeira excursão — Portugal, Itália, Alemanha, Inglaterra e França[76] —, o mesmo ocorrendo com Ataulfo Alves em 1962 e o conjunto Brasília Samba, em 1963, com mais uma etapa: o Oriente Médio, onde foram dar um *show* es-

---

de Lisboa para o *Jornal do Comércio*, do Rio de Janeiro, publicada na edição de 4/7/1959, e transcrita no *Boletim da UBC* (União Brasileira de Compositores), n° 56, julho-setembro de 1959, pp. 5-6.

[75] Era a incompreensão desse mecanismo que levava o então ator e repórter Haroldo Costa a escrever romanticamente no quinzenário *Para Todos*, n°s 38 e 39, de dezembro de 1957 — embora diagnosticando de maneira acertada a falta de divulgação continuada da música popular brasileira no exterior — que "nossa música precisa urgentemente de uma 'operação mundial' em larga escala, que possa desvendá-la realmente para todos aqueles que estão predispostos a amá-la e a compreendê-la". Ora, como se vê, só os trustes internacionais conseguem realizar esse tipo de "operação mundial".

[76] Tomaram parte a orquestra de Severino Araújo, Ademilde Fonseca, Elizeth Cardoso, Jamelão e Pato Preto.

pecial para os soldados brasileiros do Batalhão Suez, a serviço da UNEF (United Nations Emergency Force), por ocasião da disputa entre egípcios e judeus pela posse do território de Gaza. De 1964 em diante, quando a desvalorização da moeda brasileira começou a tornar irrisória a dotação aprovada mais de cinco anos antes, o número de integrantes diminuiu, e o próprio recrutamento de artistas e cantores caiu em qualidade, resumindo-se praticamente a números de *show*, com as próprias cabrochas tocando berimbau e cabaças, enquanto capoeiras insistiam no número exótico dos rabos de arraia aplicados em ritmo de balé.

Encerrada, pois, a era das ilusões de conquista do mercado europeu (e sem contar as promoções pessoais do Sr. Assis Chateaubriand, organizando festas com artistas brasileiros no castelo de Corbeville, do costureiro francês Jacques Fath, em 1952,[77] e no salão da família Parodi Delfino, em Roma, onde dançou o "Corta-jaca", de Chiquinha Gonzaga, em 1959, ou ainda o lançamento, por Humberto Teixeira, do seu frustrado ritmo *catete*, em Paris, em 1960), ia começar nova fase da atração pelos Estados Unidos.

O clímax seria, naturalmente, a apresentação em massa dos artistas criadores da bossa nova no Carnegie Hall, em 1964, mas as origens da nova onda remontavam, na verdade, a 10 anos antes.

---

[77] Dolores Duran e Maria Helena Raposo, que faziam parta da caravana, aproveitaram as passagens pagas e deixaram-se ficar tentando a sorte na Europa em apresentações medíocres em Paris, Roma e Londres.

O samba agora vai...

9.
DE AURORA MIRANDA, ARY BARROSO E OUTROS A RON COBY

> As aventuras norte-americanas de Aurora Miranda, Ary Barroso, Laurindo de Almeida, Dick Farney, Leny Eversong e Luís Bonfá — A história do cantor Cauby Peixoto, o brasileiro que se tornou Ron Coby nos Estados Unidos.

O sucesso pessoal de Carmen Miranda em Hollywood no fim da década de 1930, tomado inocentemente no Brasil, em sua aparência, como uma possibilidade capaz de repetir-se — como continuaria acontecendo —, começou levando aos Estados Unidos a própria irmã da artista, a cantora Aurora Miranda, ainda em 1940. Embora contando com o prestígio da irmã e apesar de insistir durante 13 anos (Aurora só voltou ao Brasil em 1953), a lançadora da marcha "Cidade maravilhosa" não conseguiu mais do que algumas pontas em filmes como *Você já foi à Bahia?* (*The Three Caballeros*, 1944) e *Os conspiradores*, de 1946, restringindo sua atividade no intervalo a dublagens para desenhos e documentários de Walt Disney.

Em 1944 foi a vez do compositor Ary Barroso. Animado pelo sucesso nos Estados Unidos de sua composição "No tabuleiro da baiana", divulgada por Carmen Miranda, pelas músicas encaixadas nos desenhos de Walt Disney e pela repercussão alcançada com o samba cívico de pretensão orquestral "Aquarela do Brasil", Ary Barroso aceita contrato para musicar o filme *Brazil*, da Republic, e parte para os Estados Unidos. Em três meses de atividade Ary Barroso compôs algumas músicas para o filme e viu aproveitado o samba "Rio de Janeiro", que seria afinal ouvido no filme estrelado por Tito Guízar — um mexicano especialista em papéis de brasileiro em filmes americanos — e Virginia Bruce.

Ainda em fins de 1944 Ary Barroso voltava uma segunda vez aos Estados Unidos para musicar o filme da 20th Century Fox *Três garotas de azul*, por sinal inacabado, depois do protesto oficial do governo brasileiro, através do Itamaraty. É que, com todo o prestígio da música do patriota compositor da "Aquarela do Brasil", a história do filme da Fox girava em torno de três empregadas do hotel Copacabana Palace, do Rio de Janeiro (Vivian Blaine, telefonista; Betty Grable, arrumadeira; e June Haver, manicura), cuja maior especialidade era roubar turistas estrangeiros.

De novo no Brasil em meados de 1945, o destino reservaria ainda a Ary Barroso a oportunidade de realizar uma terceira viagem inútil a Hollywood, desta vez para musicar um *show* de Bertita Harding que se chamaria *O trono do Amazonas*. Quando se realizavam os ensaios do *show*, incluindo 18 músicas de Ary Barroso, o empresário faliu e o espetáculo não chegou a ser encenado. Por ironia, em fins de 1963, ao se saber que Ary Barroso estava condenado à morte pela doença que o abateria em fevereiro de 1964, o produtor norte-americano Stanley Richards ainda procurou o compositor para ressuscitarem juntos *O trono do Amazonas*, atualizando-o com "novo *script* e novas músicas".[78] Era tarde demais: Ary Barroso, cujo maior sonho fora sempre poder ser o Gershwin brasileiro (ele alimentava a ideia de fazer um dia um *Porgy and Bess* nacional), sepultava com sua morte a perspectiva de ver o seu nome na Broadway, assentado com luzes e cores sobre o *Trono do Amazonas*.

---

[78] Além dessas três estadas em Hollywood, Ary Barroso promoveu excursões atribuladas à frente de uma Orquestra de Ritmos Brasileiros, por ele organizada, em 1953 (Venezuela e México) e em 1955 (Uruguai e Argentina): durante a primeira ficou sem dinheiro no México com sua filha Mariuza, as cantoras Dora Lopes e Araci Costa e mais vinte músicos (sendo salvo pela prorrogação caridosa do contrato no Teatro Lírico, onde se exibia), e durante a segunda entrou em choque com o Sindicato dos Músicos de Buenos Aires, que o obrigou a contratar uma orquestra típica argentina para alternar com a orquestra brasileira no Grand Rex.

Em 1947 mais dois brasileiros — o violonista Laurindo de Almeida e o cantor Dick Farney — partem também para os Estados Unidos, mas já culturalmente condicionados a uma troca voluntária de nacionalidade: Laurindo, contratado por Stan Kenton, depois de gravar uma música no filme *A Song is Born*, torna-se músico de *jazz*, passando a excursionar pela Europa, Austrália, Nova Zelândia, Japão e Oriente Médio;[79] Farnésio Dutra, americanizado a partir do nome artístico Dick Farney, grava música americana no Majestic Records e, numa segunda viagem, em 1956, toca *jazz* ao piano e canta para um público internacional no Peacock Alley do Waldorf Astoria, passando a ser citado como um dos bons pianistas de *jazz* não americanos.[80]

Estava, pois, aberto o caminho para o *rush* de artistas da década de 1950 na direção dos Estados Unidos, em meio a episódios de um ridículo atroz.

A velha cantora pioneira do rádio paulista do início de 1930 Leny Eversong, na realidade chamada Hilda Campos Soares da Silva, depois de aparecer no Rio de Janeiro em 1942 cantando o *fox* "Tangerine" sem saber inglês (ela ouvia exaustivamente o disco americano para decorar a letra), apresenta-se em 1948 em

---

[79] O despaisamento de Laurindo de Almeida, por sinal, foi punido pelo público carioca em 4/12/1967, de uma maneira cruel: de visita ao Rio de Janeiro falando "um português com sotaque (como salientaria o *Jornal do Brasil* na reportagem "Laurindo Almeida, um violão que emigrou"), o violonista foi anunciado como uma das atrações do *show* de intervalo no I Festival Internacional da Canção, no Ginásio do Maracanãzinho. Como fazia exatamente 20 anos que Laurindo de Almeida havia deixado o Brasil, o grande público presente não tinha qualquer referência do artista anunciado pelo locutor como o "violonista brasileiro de maior sucesso nos Estados Unidos", e Laurindo — sozinho no palco enorme — tocou de cabeça baixa uma peça qualquer, em meio a um insuportável barulho de cadeiras dos que se levantavam para ir ao bar.

[80] Além desses cantores e instrumentistas pode ser citada também a viagem do casal de bailarinos Martins Kito e Jurema (ela vestida de baiana), contratados para ensinar a dançar o samba no Arthur Murray Studios.

Buenos Aires como cantora norte-americana, e viaja para Paris em 1958. Após conseguir cantar no Olympia, vai para os Estados Unidos, inicia uma temporada de dois anos em Las Vegas, e é apresentada nos programas dos cabarés como a "*dynamic new Brazilian singing star*", com todo o seu repertório internacional.

O violonista Luís Bonfá, conquistado pela música norte--americana desde 1946, quando, com Luís Teles, Chicão e Alberto Ruschel, integrava o conjunto Quitandinha Serenaders, está nos Estados Unidos em 1956, excursiona com Mary Martin em 1959, figura na apresentação da bossa nova no Carnegie Hall em 1962, e acaba por tornar-se — tal como Laurindo de Almeida e Bola Sete — um músico mais norte-americano do que brasileiro, a partir de 1964, quando volta aos Estados Unidos para o lançamento do filme *Orfeu do carnaval* (afinal só estreado em 1966).[81]

O caso mais curioso de todos, entretanto, seria o do cantor Cauby Peixoto. Mulato filho de uma família de artistas populares (o pai, conhecido por Cadete, tocava violão; a mãe, D. Alice, tocava bandolim; o tio, Nonô, foi um dos melhores pianeiros do

---

[81] De 1964 a 1966, Luís Bonfá, "que havia encontrado, ao chegar, um clima muito bom para as composições brasileiras", segundo a reportagem "A música que vence", publicada no Caderno B do *Jornal do Brasil* de 16 de maio de 1966, "apresentou-se no programa *Hollywood Palace*, de Bing Crosby, transmitido da Califórnia para todo o país, no *Les Crane Show*, e em cinco *shows* na CBS Radio, comandados por Arthur Godfrey. Exibiu-se também em vários concertos e *shows* de boate, inclusive com sua mulher, Maria Helena Toledo, que foi aos Estados Unidos só para visitá-lo e acabou se tornando uma atração e formando uma dupla de grande sucesso com ele. Ambos se exibiram, entre outros, no Cafe au Go Go e num concerto em Washington, tendo Bonfá participado ainda de um grande concerto com o famoso trio vocal Peter, Paul and Mary, perante uma plateia de 3 mil pessoas e acompanhado pelo baterista brasileiro Hélcio Milito". Resultado: só voltava ao Brasil para gozar férias porque — conforme declarou ao *Jornal do Brasil* de 13 de julho de 1967 (reportagem intitulada "Bonfá do princípio ao fim", assinada por Maria Luísa Laje) — "depois que a coisa toma pé por aquelas bandas é difícil fugir à engrenagem".

rádio do período 1930-1940; o cantor Ciro Monteiro era seu primo; a irmã, Andiara, era cantora; e os irmãos Moacyr e Araken tocavam, respectivamente, piano e pistão), Cauby Peixoto começou cantando em coro de igreja, em Niterói. Já no fim da década de 1940, no auge da influência da música norte-americana incentivada pelos musicais da Metro, Cauby Peixoto estava a tal ponto fascinado pelos gêneros estrangeiros que, em poucos anos, poderia encher três cadernos com mais de 500 letras de músicas que sabia cantar de cor — em inglês. Essa preocupação em cantar em línguas estrangeiras — como inglês, francês, italiano, espanhol e até iídiche — dificultava o aparecimento de Cauby como cantor profissional, por volta de 1955, quando surgiu um industrial que desejava ser compositor, e resolveu tentar a sorte incluindo Cauby Peixoto na primeira experiência de promoção comercial e publicitária de um cantor no Brasil. Esse empresário-compositor chamava-se Di Veras (Edson Collaço Veras).

Estruturado o piano, Di Veras providenciou um guarda-roupa requintado para o cantor (seis ternos de uma vez) e, aproveitando a publicidade em torno da realização, no Rio de Janeiro, do 36º Congresso Eucarístico Internacional, aconselhou Cauby Peixoto a fazer-se crismar pelo Patriarca das Índias, D. José da Costa Nunes.

Em seguida, lembrando-se da experiência de Cauby Peixoto como cantor de coro de igreja, comprou duas passagens para Nova York no navio *Argentina*, da Frota da Boa Vizinhança, que levaria de volta aos Estados Unidos o cardeal Francis Spellman e os demais delegados religiosos norte-americanos presentes ao Congresso Eucarístico Internacional. Assim, no primeiro dia de viagem, após o jantar, Cauby Peixoto pôde cantar para os padres americanos a "Ave Maria", de Gounod, em latim, o que lhe valeu desde logo convite para cantar nas missas oficiadas todas as manhãs a bordo, com a presença do cardeal Spellman, até chegar a Nova York.

Nos Estados Unidos, passado o primeiro momento de publicidade proporcionado pelo interesse jornalístico em torno do fato de ter cantado para o cardeal Spellman, o empresário Di Veras — sustentando Cauby Peixoto num pequeno apartamento de Nova York — foi obrigado a gastar uma boa soma de dólares até conseguir algumas apresentações do seu cantor.[82]

Com seu nome mudado para Ron Coby, em consequência da dificuldade dos norte-americanos em pronunciar Cauby Peixoto, o cantor empresado, embora tendo a oportunidade de gravar um LP com a orquestra de Paul Weston e de aparecer no *Perry Como Show*, passou um ano e meio nos Estados Unidos vivendo as maiores aperturas. Depois de toda essa aventura, e apesar de ter voltado aos Estados Unidos mais três vezes em anos seguintes,[83] Cauby Peixoto acabaria mesmo tendo que contentar-se com o sucesso brasileiro do samba "Conceição", transformado em seu carro-chefe, inclusive durante excursão à Argentina — malgrado todo o seu extenso repertório poliglota.

---

[82] A máquina de propaganda era tão bem montada, no entanto, que em 1959 apareceu assinado por Flor da Noite uma biografia de Cauby Peixoto intitulada *Perfil de Cauby Peixoto: sua vida, sua arte, seus amores* (Rio de Janeiro, Vecchi, 162 páginas, com fotos) e na qual — em estilo louvaminheiro — o autor velado afirmava que o cantor viajara para os Estados Unidos a convite da Columbia para gravar quatro discos, "acompanhado pela orquestra de Paul Weston".

[83] Em 1957 Ron Coby apareceu em *Jamboree*, da Warner Brothers, uma produção medíocre com Anita O'Day e a orquestra de Count Basie e Fats Domino. No filme o cantor apresenta "Toreador" vestido a caráter. Na viagem de 1958, Cauby Peixoto, agora com o nome de Coby Dijon, gravou em inglês o samba "Maracangalha", de Dorival Caymmi, com o título "I Go". Outra viagem deu-se supostamente para tomar parte no programa de televisão de Arthur Godfrey, para o qual fizera um teste durante a primeira visita aos Estados Unidos. Voltou definitivamente ao Brasil em 1960, após uma última temporada de 14 meses nos Estados Unidos.

10.
A BOSSA NOVA E A ILUSÃO DA UNIVERSALIDADE — AS EXIBIÇÕES COMERCIAIS DE MR. SIDNEY FREY E AS OFICIAIS DO SR. ROBERTO CAMPOS

> A bossa nova e a ilusão da universalidade — A verdadeira história da apresentação da bossa nova no Carnegie Hall, de Nova York, e o papel equivocado do Itamaraty — As reivindicações de anterioridade bossa-novista de Laurindo de Almeida e do norte-americano Harry Babasin — O emprego dos artistas de bossa nova como mão de obra qualificada nos Estados Unidos — As exibições comerciais de Mr. Sidney Frey e as oficiais do Sr. Roberto Campos.

No início da década de 1960, o longo processo de polarização de artistas brasileiros pelo mercado musical dos Estados Unidos ia sofrer uma transformação de ordem qualitativa, estreitamente ligada à progressiva perda de características regionais da própria música brasileira, por força do seu continuado contato com a música internacional, principalmente norte-americana, imposta maciçamente pelas gravadoras estrangeiras instaladas no país.

Com a vitória do movimento musical denominado bossa nova, que vinha marcar o advento cultural das primeiras camadas de jovens da classe média das cidades beneficiadas pela ampliação do ensino universitário, a tentativa de conquista do mercado artístico norte-americano passava a uma nova fase: a do oferecimento de um produto brasileiro obtido segundo fórmulas já conhecidas e aceitas pelo pretendido público consumidor estrangeiro.

De fato, o impacto da propaganda norte-americana sobre essa geração da classe média nascida durante a Segunda Guerra Mundial fora de tal ordem que conseguira realizar uma espécie de lavagem cerebral, em termos de cultura e de costumes, levando a uma assimilação de estereótipos nunca imaginada. No campo da música popular essa influência fora tamanha, sob o influxo do *jazz*, que a primeira síntese obtida pelos músicos jovens, a partir dos recursos assimilados da música norte-americana, foi alegremente julgada um produto nacional. Na verdade, como o poderio norte-americano tinha conseguido tornar a sua música internacional, os compositores e instrumentistas brasileiros tomaram o que a bossa nova tinha de informação cultural americana por uma prova da universalidade da sua criação, e passaram a reviver o velho clima de ilusão do tempo da Feira Mundial de Nova York, de 30 anos atrás: a conquista do mercado musical dos Estados Unidos sob a forma de um produto agora ao nível moderno, sofisticado e industrial.

O que os jovens criadores da bossa nova não podiam perceber é que, embora viajando em massa para os Estados Unidos com patrocínio oficial do governo, era ainda uma vez aos interesses norte-americanos que iam atender.

Tudo começou em 1961, quando um grupo de músicos de *jazz* dos Estados Unidos, liderado por Herbie Mann, veio ao Brasil por conta do Departamento de Estado para tomar parte no American Jazz Festival, realizado no Rio de Janeiro.

Em contato com a música americanizada que os jovens das novas camadas da classe média do Rio de Janeiro produziam por essa época, numa evolução da simples execução de samba em ritmo de *jazz*, Herbie Mann percebeu que os brasileiros tinham conseguido substituir os colegas americanos no uso da matéria-prima que costumavam explorar, descobrindo para a música norte-americana uma variante que poderia se revelar de grandes possibilidades. Exatamente como se engenheiros brasileiros, trabalhando na Ford ou na General Motors do Brasil, pudessem pela intimidade com as matrizes de motores americanos chegar a uma adaptação que lhes aumentasse o rendimento técnico.

No caso, o reconhecimento dessa possibilidade da bossa nova foi tão indiscutível, que os editores de música norte-americanos (como fariam logicamente os diretores da Ford ou da General Motors com os engenheiros) trataram imediatamente de convidar os principais inventores da nova fórmula musical para uma demonstração direta, ao vivo, nos Estados Unidos. E o local escolhido foi o Carnegie Hall, em Nova York.

Os norte-americanos, aliás, em seus contatos com instrumentistas brasileiros que já entravam no seu país musicalmente americanizados, conheciam exemplos isolados dessa possibilidade de entrosamento com a música supostamente brasileira.

Segundo o violonista Laurindo de Almeida, desde 1947, quando tocou ao lado do contrabaixista Harry Babasin nos intervalos das filmagens de *A Song is Born*, alguma coisa soava como bossa nova na maneira como o seu violão permitia ao músico americano fazer pulsar as cordas do seu instrumento.

De qualquer forma, cinco anos depois, em novo contato com Harry Babasin, em Hollywood, já agora também com o concurso do saxofonista Bud Shank, Laurindo de Almeida teria reforçado essa linha "ao mesmo tempo alterada e flexível",[84] chegando a reedição dos dois LPs gravados nessa ocasião — *Braziliance* nºs 1 e 2 — a circular entre os músicos do Rio e de São Paulo, trazidos pelo próprio Laurindo de Almeida. O certo é que pouco depois chegavam aos Estados Unidos, com o filme *Orfeu negro* (baseado na peça *Orfeu da Conceição*, de Vinicius de Moraes), as músicas de Antonio Carlos Jobim, de Luís Bonfá e do próprio Vinicius, sozinho ou já em dupla com Tom Jobim, como no caso da canção "Se todos fossem iguais a você",[85] e aí já andava em germe a bossa nova.

---

[84] Declaração de Harry Babasin ao crítico John Tynan, da revista especializada em *jazz DownBeat*. Segundo Tynan, "muitos dos solos de guitarra de Almeida consistiam em choros, baiões, batuques ou ritmos de samba, todos exigindo, devido à rigidez musical latino-americana, um acompanhamento de duas batidas para o compasso. Intelectualmente inquieto, Babasin cansou-se logo dessa simplicidade e começou a alterar a linha do baixo. O resultado foi a base da bossa nova".

[85] Foi, por sinal, do encontro com Antonio Carlos Jobim, para tratar dos números musicais da sua peça, que nasceu a oportunidade de Vinicius de Moraes criar a letra do samba "Chega de saudade", ainda em 1956. Gra-

Assim, não seria surpresa que, quando da realização do American Jazz Festival, no Rio de Janeiro, em 1961, os músicos enviados pelo Departamento de Estado encontrassem, já estruturado no Brasil, o estilo que procuravam tateando, nos Estados Unidos, a partir do *bebop*.

Foram pois as pilhas de discos de bossa nova levadas pelos músicos de *jazz* quando de sua volta a Nova York que desencadearam a onda de interesse pela nova moda musical nos Estados Unidos. E aí começava, desde logo, a desvantagem comercial do relacionamento do mais fraco com o mais forte. Contra a divulgação de apenas um disco produzido no Brasil — o LP *Brazil's Brilliant João Gilberto* (1960), gravado no Rio de Janeiro para a Capitol — a bossa nova começava em sua "conquista" do mercado norte-americano representada nos Estados Unidos por nada menos que cinco discos de músicos de *jazz*, *Everybody's Doin' The Bossa Nova*, com o guitarrista Charlie Byrd e outros (1960), *Bossa Nova*, de Shorty Rogers (1961), *Jazz Samba* (1962), com Charlie Byrd e o saxofonista Stan Getz (que nem estivera no Brasil), e *Brazil, Bossa Nova & Blues*, de Herbie Mann (1962). Finalmente, em 1963 saiu o LP *New Wave!*, em que Dizzy Gillespie (que estivera no Brasil em 1956) empregava o violonista Bola Sete, por ser capaz de tocar bossa nova como um autêntico músico americano.[86]

---

vado em 1958 pela cantora Elizeth Cardoso, foi nesse disco que se ouviu o acompanhamento de violão de João Gilberto balançando ritmicamente sobre o acento fraco, o que descaracterizava a marcação do tempo forte do 2/4 característico do samba tradicional e, em última análise, apresentava ao grande público o ritmo da bossa nova.

[86] Segundo se pôde saber através de uma nota publicada na seção "Discos populares" do jornal *Diário de S. Paulo*, de 11 de novembro de 1962 (4º caderno, página 5), só o primeiro momento das inversões de capital na exploração de discos com o novo ritmo, nos Estados Unidos, envolveu a soma de 150 mil dólares. Este surto comercial utilizando motivos recebidos de graça do Brasil, em benefício exclusivo da economia norte-americana, mereceu, no entanto, do mesmo colunista de "Discos populares", este co-

O efeito e a novidade foi surpreendente. Em apenas um ano o número de *long-playings* de *jazz* empregando o esquema da bossa nova chegava quase a meia centena (25 discos já em outubro de 1962), não faltando em todos eles as variações em torno dos temas dos sambas "Desafinado" e "Samba de uma nota só", de Tom Jobim e Newton Mendonça (falecido em 1960), "possivelmente porque o conteúdo harmônico dessas composições é visivelmente jazzístico", conforme salientava o *Jornal do Brasil* de 9 de janeiro de 1963 num comentário intitulado "Bossa Nova York".[87]

Nem era outra coisa que dizia, aliás, o próprio Sidney Frey, três meses depois, ao declarar em entrevista publicada pela revista *O Cruzeiro*, de 9 de fevereiro de 1963: "Conhecendo os brasileiros como eu conheço", diz, rindo, em puro gozo, com razão o extraordinário Mr. Frey, "e conhecendo como conheço os arranjadores de *jazz*, estou convencido de que daqui a pouco os Estados Unidos estarão exportando bossa nova para o Brasil".[88]

Era a pura verdade, e, no entanto, a cegueira do patriotismo confundido dos rapazes da bossa nova levava-os — aliás ajudados pela visão também deformada dos altos funcionários do Departamento Cultural do Itamaraty — a uma série de lances tocantes, como o da desistência do pagamento das passagens e das ajudas de custo para a viagem aos Estados Unidos.

De fato, o empresário Sidney Frey, interessado apenas no

---

mentário absolutamente equivocado: "O samba, como se vê, foi também beneficiado pela Aliança para o Progresso".

[87] Embora sem assinatura, o comentário é certamente de Luiz Orlando Carneiro, responsável pela seção "Jazz" que então o *Jornal do Brasil* mantinha em seu suplemento de variedades denominado Caderno B. O jornalista não sabia que o "Samba de uma nota só" era reprodução da melodia de "Mr. Monotony", de Irving Berlin, composição que integraria o musical *Easter Parade*, de 1948 (como se pode ouvir no YouTube na voz de Judy Garland), mas acabou sendo cortada do filme.

[88] "Bossa nova vende milhões", revista *O Cruzeiro*, 9/2/1963.

sucesso da gravação das músicas que seriam apresentadas no palco do Carnegie Hall, não demonstrava qualquer preocupação com o possível efeito do espetáculo em si. Tal como o civilizado que entra em contato com os indígenas, no meio da selva, apenas para explorar suas terras, o norte-americano usava o atrativo do Carnegie Hall como um espelhinho, comprometendo-se a pagar apenas as passagens de um número limitado de músicos escolhidos a seu critério, em troca de uma série de exigências, entre as quais a de enxertar no programa artistas brasileiros radicados nos Estados Unidos, como a cantora Carmen Costa e o violonista José Paulo, que nada tinham de comum com o movimento de bossa nova.

Os rapazes da bossa nova, quase todos filhos da classe média carioca e paulista, e, portanto, ligados por conhecimento e amizade a altos funcionários do Ministério das Relações Exteriores (e Vinicius de Moraes era diplomata), conseguiram então interessar na iniciativa o ministro Dias Costa, da Divisão Cultural do Itamaraty, permitindo ao mundo assistir a um espetáculo inédito: a repartição oficial de um país subdesenvolvido, em nome da cultura "nacional", decidia usar suas magras verbas para pagar as passagens de 22 instrumentistas, compositores e cantores que, levando dinheiro do seu bolso para as despesas, partiam a convite do industrial do disco de um país desenvolvido, para oferecer-lhe, *in loco*, o resultado de sua assimilação da cultura musical norte-americana, a fim de permitir a posterior reexportação para o Brasil, com o rótulo de *Made in USA*.

Alheios a essa realidade de que "os temas da bossa nova é que se prestam à exportação jazzística", e que com sua predileção pela suposta novidade brasileira "os músicos de *jazz* retomam, apenas, alguma coisa do que é seu" — como escrevia no *Jornal do Brasil* de 31 de julho de 1962 o crítico de *jazz* Luiz Orlando Carneiro —, a classe média das grandes cidades brasileiras, entusiasmada com o sucesso dos LPs americanos, passou a acreditar então que, afinal, a música popular brasileira vencia no estrangeiro.

Assim, quando o presidente da fábrica de discos norte-americana Audio Fidelity, Sr. Sidney Frey, anunciou o seu propósito de convidar representantes brasileiros da bossa nova para o espetáculo no Carnegie Hall, em Nova York, uma onda de patriotismo equivocado fez vibrar a juventude universitária formada musicalmente ao impacto da cultura importada, e o noticiário da imprensa passou a dar ampla cobertura às mais rocambolescas ilusões.

Em declaração ao jornal *O Globo*, de 12 de novembro de 1962, dias antes de embarcar para os Estados Unidos a convite do empresário americano sequioso de matéria-prima musical para alimentar com temas novos a lista dos sucessos da sua gravadora, o compositor Antonio Carlos Jobim ia revelar às maravilhas esse equívoco de subdesenvolvido, representado pela esperança impossível de impor um produto colonial à própria matriz:

> "Já não vamos tentar 'vender' o aspecto exótico do café e do carnaval. Já não vamos recorrer aos temas típicos do subdesenvolvimento. Vamos passar da fase da agricultura para a fase da indústria. Vamos aproveitar a nossa música popular com a convicção de que ela não só tem características próprias, como alto nível técnico. E acho que conseguiremos nos fazer ouvir e respeitar. Acima de tudo, cada um de nós pensa no Brasil, muito acima de seus interesses e de suas conveniências."[89]

O que o compositor Antonio Carlos Jobim não conseguia perceber, porém, é que Sidney Frey, como bom norte-americano, não podia deixar reciprocamente de pôr os interesses do seu país acima de tudo, e postas as coisas nesse pé de relações, as vanta-

---

[89] "Os americanos verão a 'bossa-nova' brasileira em suas raízes autênticas", *O Globo*, Rio de Janeiro, 12/11/1962.

gens só podiam pender para aquele que possuía o poder de decisão econômico-cultural.

E mais. Como a exploração da novidade baseada em matrizes do *jazz* norte-americano exigia cursos de especialização para músicos não participantes da pesquisa que levara à bossa nova, era dos próprios componentes da excursão que iam sair os instrutores, imediatamente contratados para temporadas que, no caso de muitos deles, resultou na escolha definitiva dos Estados Unidos para viver e trabalhar. Assim, apenas no primeiro momento, Antonio Carlos Jobim foi logo empregado como arranjador pela Leeds Corporation, o compositor Sérgio Ricardo fez de tudo um pouco (inclusive cinema, pois, levado pelo entusiasmo da conquista do segundo lugar no festival de filmes de curta-metragem de Los Angeles com *Menino da calça branca*, chegou a trabalhar na história simbólica de um brasileiro do interior que vai se deixar esmagar pelo mecanismo das relações capitalistas de Nova York), o conjunto de Oscar Castro Neves deu exibições no Empire Room do Waldorf Astoria para um público interessado em dançar, e João Gilberto, Luís Bonfá e Caetano Zamma aceitaram contratos para demonstrar aos norte-americanos — de violão em punho — as virtudes da sua própria música.

Tal como acontecera em 1939, o embarque do grupo de artistas brasileiros para tomar parte no espetáculo do Carnegie Hall, marcado para a noite de 21 de novembro de 1962, foi precedido de comoventes manobras de bastidores: todos queriam viajar na suposição de que, ante a apresentação mágica perante o público norte-americano, a descoberta de cada um explodiria como num conto de fadas, com a transformação do sapo no príncipe encantado.

"Imediatamente", testemunharia depois Ramalho Neto em seu livro *Historinha do desafinado (bossa nova)*, "formou-se uma luta de bastidores, entre os que haviam sido escolhidos e os preteridos. No final de tudo, com ajuda financeira do Itamaraty, através da boa vontade do Dr. Mário Dias Costa, e outros com a do próprio bolso, alguns embarcaram. Alguns escolhidos previamente, outros de última hora, *disc-jockeys*, cronistas, lá foram radiantes."[90]

O relato mais fiel (e, entretanto, o mais contraditado) do que foi a apresentação da bossa nova, para 3 mil pessoas reunidas no auditório do Carnegie Hall, foi seguramente o publicado na revista *O Cruzeiro*, de 8 de dezembro de 1962, com base em informações colhidas no local e enviadas em carta manuscrita pelo correspondente Orlando Suero, do birô da revista em Nova York.[91]

A reportagem dava conta de que os artistas brasileiros tinham sido obrigados pelo organizador Sidney Frey a apresentarem-se para um requintado público que pagara poltronas a 4,80 dólares e balcões a 2,80 dólares "cercados por uma floresta de microfones (uma dúzia ao todo)", e mais adiante contava:

> "Apequenados no meio do palco grandioso do Carnegie Hall, rapazes ainda praticamente amadores, como Carlos Lyra, ou possuidores de pequeno volume de voz, como o próprio João Gilberto — tão louvado pela propaganda —, começaram, então, a apresentar-se com pouca possibilidade de serem ouvidos por todo o público presente, e sem possibilidade nenhuma de serem entendidos, em face da diferença da língua.
>
> Depois de alguns minutos de espetáculo, a impressão geral era de uma grande monotonia. Os conjuntos de Sérgio Mendes e Oscar Castro Neves — es-

---

[90] Ramalho Neto, *Historinha do desafinado (bossa nova)*, Rio de Janeiro, Vecchi, 1965, p. 92.

[91] As informações foram transformadas em estilo de reportagem, sob o título "Bossa nova desafinou nos EUA", pelo autor do presente livro, que funcionava na época como redator da revista *O Cruzeiro*, no Rio de Janeiro. Apesar da absoluta fidelidade aos dados informativos contidos na carta enviada por Orlando Suero, a incapacidade de aceitar a realidade levou o falecido colunista de discos Sílvio Túlio Cardoso a escrever em sua seção, no jornal *O Globo*, que a reportagem tinha sido "mediúnica".

forçados imitadores da música americana — revelavam-se em tudo inferiores aos conjuntos americanos que já haviam gravado as mesmas músicas que procuravam mostrar."[92]

Para aumentar o ridículo, os jovens componentes da bossa nova tentavam nos bastidores, à última hora, impedir a apresentação da cantora de samba "tradicional" Carmen Costa (que acabou tocando até cabaça), do seu acompanhador, o violonista José Paulo, e do malabarista Bola Sete — famoso pela macaquice de tocar violão nas costas —, tudo culminando com o fiasco de Tom Jobim ao esquecer no meio a letra em inglês do samba "Corcovado", e com os protestos de Carlinhos Lyra, quando os organizadores do *show* quiseram empurrá-lo num bolo de artistas para o palco, a fim de abreviar o final do *imbroglio*.

Como espetáculo, evidentemente, um *show* musical organizado de maneira tão despreocupada com o público só poderia se revelar um fracasso, mas, enquanto apresentação de novos músicos do gênero de música popular já em processo de consumo no mercado norte-americano, o Sr. Sidney Frey não teria do que se queixar.

Segundo esse próprio organizador do espetáculo contaria em entrevista publicada pela revista O *Cruzeiro* de 9 de fevereiro de 1963,[93] depois do grande concerto do Carnegie Hall ele per-

---

[92] Reportagem "Bossa nova desafinou nos EUA", publicada na revista O *Cruzeiro* de 8/12/1962. O mal-estar causado pela fraqueza do espetáculo chegou a tal ponto — e isto Orlando Suero deixou escapar, ou fez a caridade de omitir — que o paulista Caetano Zamma começou a sapatear, numa tentativa de salvar com habilidades de circo o que depois se anunciou como a vitória de um concerto.

[93] "Bossa nova vende milhões", reportagem de Álvares da Silva e Válter Fontoura. Essa entrevista com o norte-americano Sidney Frey, tentando justificar a apresentação do Carnegie Hall, foi providenciada atendendo a gestões da Sra. Dora Vasconcelos, consulesa do Brasil em Nova York, que chegou a interpelar a direção da revista O *Cruzeiro* por ter publicado na

cebeu que, apesar da má repercussão do *show*, ainda havia campo para exibir a *troupe* brasileira à curiosidade dos norte-americanos, principalmente na Califórnia, e a sua habilidade de empresário funcionou:

> "Enchi o Masonic Temple de São Francisco. Trata-se de uma das casas de espetáculo mais decoradas do mundo. Em seguida fui com a bossa nova para o Shrine Auditorium de Los Angeles e vendi 3 mil dos 6 mil lugares. Um sucesso!"

Para o empresário Sidney Frey era, na verdade, um sucesso financeiro: além de promover a publicidade em torno dos discos de bossa nova da sua gravadora,[94] a venda de 3 mil ingressos, à

---

reportagem de Orlando Suero que a promoção conjunta do Itamaraty com o interesse norte-americano repercutira mal para os fins desejados de propaganda brasileira. Essa tentativa do Itamaraty de "orientar" o noticiário da imprensa no sentido de apontar a aventura da excursão da bossa à sua matriz cultural chegou, aliás, a se tornar pública, através de uma nota do jornalista Júlio Hungria, ao pé da reportagem "Carnegie Hall não foi definitivo" (*Correio da Manhã* de 11/12/1962), e na qual se lia: "D. Dora Vasconcelos vai escrever dos Estados Unidos uma carta a uma prestigiosa revista nacional indagando o motivo de uma reportagem unilateral sobre o concerto do Carnegie Hall (vai anexar recortes da imprensa norte-americana que informam bem diferente)". A carta chegou a ser realmente endereçada ao Sr. Leão Gondim, diretor da revista *O Cruzeiro*, mas entre os recortes enviados não constava, certamente, o do jornal *New York Times*, que considerou o tom geral das músicas apresentadas como uma "monótona cantilena" e os artistas medíocres, quando comparados com os colegas jazzistas norte-americanos: "Desgraçadamente", dizia o cronista do *New York Times*, "o programa foi tão carregado que não foi possível ouvir Lalo Schifrin e Stan Getz, cujas interpretações norte-americanas de bossa nova foram, anteriormente, muito melhores do que a que os visitantes brasileiros conseguiram fazer chegar ao público presente através do sistema de amplificadores".

[94] A gravadora Audio Fidelity estava trabalhando a toda a força, por essa época, como se podia verificar por notinhas como esta, publicada na seção "*O Globo* nos discos populares" do jornal carioca *O Globo*, de 11 de

média de 3 dólares e alguns centavos, importava numa renda de mais de 10 mil dólares por espetáculo. Ora, como cada componente da excursão concordara em receber apenas 150 dólares por apresentação, desde o Carnegie Hall (o que somava, no total, 3 mil e poucos dólares), o esperto empresário norte-americano pôde ganhar tranquilamente de 5 a 6 mil dólares líquidos em cada exibição dos brasileiros nos Estados Unidos.

E o mais curioso é que, enquanto no Brasil o entusiasmo das notícias em torno da excursão chegava ao ponto de levar à abdicação do uso da língua corrente — uma revista carioca deu como título de sua reportagem "Bossa Nova Road To The States"[95] —, nos Estados Unidos alguns críticos mais atilados percebiam que o gênero norte-americano criado no Brasil representava uma grande vitória da cultura norte-americana. O crítico de arte popular William D. Laffler, de Nova York, por exemplo, podia escrever então que "a bossa nova brasileira, sendo uma combinação do ritmo sul-americano com a elasticidade do *jazz* moderno, fará com que os que até agora detestavam o *jazz* passem a ouvi-lo", ao que concluía:

"Além disso, a bossa nova deverá também transferir o interesse pelo chamado *cool jazz* para a beleza da música sul-americana."[96]

No Brasil, quando logo depois essa previsão se confirmou, teóricos da cultura popular, baseados em princípios gerais de alienação (como aquele expresso pelo maestro Júlio Medaglia

---

outubro de 1962: "Sidney Frey vai editar nos EUA os sambas 'Influência do jazz', 'Coisa mais linda', 'Você e eu', 'Saudade fez um samba', 'Se é tarde me perdoa', de Carlinhos Lyra, e 'Rio', 'Ah! Se eu pudesse' e 'Balansamba', de Menescal".

[95] Tradução: "Bossa nova a caminho dos Estados Unidos".

[96] "Bossa nova é boa ajuda para o jazz", *Jornal do Brasil*, Rio de Janeiro, 2/12/1962, 1º caderno, p. 3.

com a frase "incorporar [...] experiências positivas de outras músicas à nossa prática composicional não representa, em si, nada de negativo. Saber digeri-las aqui e aplicá-las criativamente [...] isto sim é que constitui o principal problema da invenção artística"[97]), passaram a proclamar — com o mais tocante ufanismo — que a música popular brasileira é que estava agora influenciando a norte-americana.

Antes mesmo, porém, da apresentação da bossa nova na sua sede cultural poder produzir todos os seus efeitos (o comercial representado pela colocação internacional do produto no mercado, como qualquer outro artigo cultural-industrial norte-americano; o do aproveitamento de mão de obra, representado pela contratação progressiva de instrumentistas, e conjuntos brasileiros), eram ainda as autoridades diplomáticas do Brasil que iam se encarregar de patrocinar, nos Estados Unidos, uma nova apresentação oficial do gênero musical glorificador do poder americano. Após integrarem uma sessão de *jazz* liderada pelo músico Paul Winter na Casa Branca, a 20 de novembro de 1962, para regalo da Sra. Jacqueline Kennedy (depois Onassis), e ainda outra, dias depois, no Village Gate, os artistas da bossa nova iam merecer a honra de um patrocínio oficial para apresentação no Lisner Auditorium, de Washington, com retransmissão garantida para o Brasil através do programa de propaganda internacional norte-americana *Voz da América*. E como se fosse de propósito para fazer rir, o embaixador brasileiro, que tão pressurosamente empregou seus esforços para mais essa divulgação da "música popular brasileira" nos Estados Unidos, foi, ninguém mais, ninguém menos, que o economista Roberto Campos, responsável, menos de cinco anos depois, pela política econômica que atrelou definitivamente o Brasil ao capital norte-americano.

---

[97] "Balanço da bossa nova", artigo do maestro Júlio Medaglia, incluído na coletânea *Balanço da bossa: antologia crítica da moderna música popular brasileira*, organizada por Augusto de Campos, São Paulo, Perspectiva, 1968, p. 26.

11.
A ABSORÇÃO DOS ARTISTAS BRASILEIROS PELO MERCADO DA MÚSICA POPULAR INTERNACIONAL E A SUA COMERCIALIZAÇÃO

> A absorção dos artistas brasileiros pelo mercado da música popular internacional — A comercialização direta da matéria-prima musical brasileira e a tentativa de lançamento de uma dança da bossa nova por Sacha Distel, na França — A conquista do mercado europeu pelos músicos de *jazz* norte-americanos usando a novidade da bossa nova.

A partir da apresentação oficial da bossa nova no Carnegie Hall, em fins de 1962, e com o crescimento dos interesses das grandes gravadoras no Brasil (inclusive as europeias, como a Philips), a viagem de artistas brasileiros ao exterior — já agora sem ilusões de conquista do mercado internacional para a "música brasileira" — passou a oscilar entre dois polos: mero fornecimento de mão de obra musical qualificada (João Gilberto) ou de matéria-prima (Tom Jobim e seus LPs com Frank Sinatra) para os Estados Unidos; e simples promoção pessoal ou incentivo à venda de discos (Festival do MIDEM e apresentações no Olympia), no caso da Europa.

De fato, como a competição comercial acabou por delimitar os campos da concorrência do disco no mercado internacional, deixando de uma vez por todas os países subdesenvolvidos de fora (na década de 1950 as editoras de música brasileira ainda tentaram o expediente de traduzir os títulos para o inglês, na esperança de facilitar a divulgação do seu repertório no exterior), os artistas da nova geração adotaram a solução mais viável: abdicaram das peculiaridades brasileiras, adaptando-se à padronização musical massificada pelas grandes fábricas (iê-iê-iê, som livre, som da pilantragem, etc.), e conformaram-se com o seu aproveitamento eventual na espécie de "força internacional" destacada para dominar os grandes centros urbanos, a serviço dos trustes fonográficos.

Assim foi que, após o Carnegie Hall, nem bem terminavam os espetáculos da série empresada por Sidney Frey, já o violonista João Gilberto recebia uma proposta de 4.500 dólares para tocar durante três semanas no *night club* Blue Angel, de Nova York, cidade onde logo fixaria residência, depois de contribuir para a música americana com a própria esposa, Astrud, quando o saxofonista Stan Getz encontrou nela qualidades, inclusive de cantora.[98]

Oscar Castro Neves e seu quarteto começaram a tocar imediatamente no clube Riviera, também de Nova York, a 300 dólares semanais por cabeça.

Luís Bonfá acertou uma excursão a Berlim para tão logo terminasse seu compromisso com Sidney Frey.

Carlos Lyra assinou contrato para gravações de discos na Columbia,[99] enquanto Sérgio Mendes e seu sexteto faziam o mesmo com a etiqueta Riverside.

---

[98] De passagem pelo Rio de Janeiro em agosto de 1965, "para rever a família", Astrud Gilbert — como a chamavam os jornais — anunciava para a segunda quinzena daquele mês o lançamento, no Brasil, do seu disco *Garota de Ipanema*, em que cantava em inglês e já vendera mais de 1 milhão de exemplares nos Estados Unidos. Dizia também ter viajado nove meses por Paris, Roma, Londres e Amsterdã, a partir de 1963 e, "de volta aos Estados Unidos — segundo entrevista a *O Jornal* do Rio de Janeiro, de 7/8/1965 — participou dos filmes *Get Yourself a College Girl* e *The Hanged Man*". Ao que acrescentava o repórter: "A cantora, ao retornar a Washington, vai se apresentar no teatro com o maestro Stan Getz", esclarecendo, para concluir: "Astrud recusou-se a falar sobre a sua vida privada, alegando que os cronistas falam por ela. Mas negou seu casamento com Stan Getz". Só faltava neste ponto a intervenção do cronista da seção "Discos populares", do *Diário de S. Paulo* (vide nota 86), para anunciar mais uma vitória da Aliança para o Progresso.

[99] O caso de Carlos Lyra ia ser diferente dos demais. Um dos pioneiros da bossa nova desde o tempo das chamadas *samba sessions* realizadas no teatro de arena da Faculdade Nacional de Arquitetura, na segunda metade

Para o Brasil voltavam definitivamente apenas os cantores — Normando, Agostinho dos Santos e Ana Lúcia —, por serem muito logicamente considerados desnecessários os seus serviços: as versões em língua inglesa do "Desafinado" e do "Samba de uma nota só" começavam a aparecer, e cantores de estilo americanizado era o que não faltava nos Estados Unidos, com a vantagem de terem nascido lá.

---

da década de 1950, o jovem compositor da Zona Sul do Rio de Janeiro — muito influenciado ideologicamente por um dos seus primeiros parceiros, o letrista Nelson Lins e Barros — foi o primeiro a despertar para a falta de raízes brasileiras do movimento. Espírito inquieto (musicou filmes como *Gimba*, a história *Couro de gato* do filme *Cinco vezes favela*, e *Bonitinha, mas ordinária*, além de peças como *A mais-valia vai acabar, Seu Edgar, Pobre menina rica, Um americano em Brasília* e até uma peça infantil, *O dragão e a fada*), Carlinhos Lyra ingressou no Centro Popular de Cultura da União Nacional dos Estudantes (UNE), compôs duas músicas para o primeiro *long-playing* desse órgão ("Canção do trilhãozinho" e "Subdesenvolvido", ambas com letras de Chico de Assis) e, em agosto de 1962, já pedia a realização de um simpósio para "debater e resolver os problemas mais cruciantes da música popular brasileira, tais como a integração do artista na realidade brasileira" (jornal *Diário de Notícias*, de 12/8/1962, 4ª seção, p. 2). Pessoalmente, Carlos Lyra, aliado a seu parceiro Nelson Lins e Barros, procurou uma saída para o impasse cultural da bossa nova, acolhendo uma ideia do autor deste livro em seu artigo "Bossa nova de Noel Rosa em 1930 pode indicar caminho do povo aos bossas novas de 1962" (*Jornal do Brasil* de 27/4/1962, artigo da série "Primeiras lições de samba"): estabeleceu contato com os compositores da camada popular Nelson Cavaquinho, Cartola e Zé Kéti, e partiu para uma experiência de parceria que esbarrou numa impossibilidade técnica, porque a bossa nova falava um idioma rítmico e harmônico diferente do samba tradicional. De fato Carlinhos Lyra só conseguiu concretizar sua desejada parceria com o mais jovem dos compositores de extração popular, o sambista Zé Kéti, com quem produziu o "Samba da legalidade". A partir de 1964, com o estabelecimento de um clima político pouco propício ao desenvolvimento de teses nacionalistas, Carlos Lyra (que angustiadamente revelaria seu malogro de encontrar um denominador comum entre a bossa nova e o ritmo tradicional no samba de autocrítica "Influência do jazz") partiu para os Estados Unidos em fins daquele ano, com o objetivo de atuar com o sexteto de Paul Winter. Daí passou ao México

Quanto ao jornalista carioca Sílvio Túlio Cardoso, antigo entusiasta de *jazz* e responsável pela coluna de discos do jornal *O Globo*, do Rio de Janeiro, caberia o papel de voltar ao Brasil carregando a maior prova do resultado concreto da apresentação dos brasileiros nos Estados Unidos: "uma discoteca de bossa *made in USA*", segundo a descrição entusiasmada do repórter Júlio Hungria, um dos inocentes divulgadores da vitória da "moderna música brasileira" nos Estados Unidos.[100]

Isso era sintomático. Uma vez que o movimento musical da bossa nova tinha nascido voltado para o mercado norte-americano (o que levava o letrista Ronaldo Bôscoli a escrever, por exemplo, que "o intercâmbio de artistas internacionais como Sammy Davis Jr., Lena Horne, Caterina Valente, Sarah Vaughan — todos muito mais evoluídos do que os brasileiros em matéria de música — foi o bastante para que se notasse a afinidade musical entre os dois povos"[101]), nada mais compreensível que a sua exploração comercial viesse a ser promovida em todo o mundo sob a chancela dos Estados Unidos.

---

para um exílio cultural que se estenderia por mais de uma década, servindo para aprofundar dramaticamente a contradição fundamental entre a essência alienada da bossa nova com novas formulações impossíveis. Segundo entrevista concedida à revista *Visão*, de 31 de março de 1967, e intitulada "Crítica e autocrítica de Carlos Lyra", o grande compositor frustrado da tese nacionalista da bossa nova tentava ainda, usando o México como cabeça de ponte, a suspirada conquista do mercado norte-americano: "Sendo o México um país respeitado pelos americanos, a bossa nova reestruturada aqui terá a oportunidade de sair dos Estados Unidos para o mundo sem concessões, exatamente como a estou fazendo aqui: elaboração melódica, harmonia simples e conteúdo social". Como Carlinhos Lyra poderia verificar logo, um ano depois, quem saiu do México para os Estados Unidos foi o cantor Pery Ribeiro, mas como empregado do empresário musical norte-americano Sérgio Mendes.

[100] Júlio Hungria, "Carnegie Hall não foi definitivo", *Correio da Manhã* de 11 de dezembro de 1962.

[101] Ronaldo Bôscoli, "Bossa nova o que é? Como surgiu? Fracasso ou sucesso?", revista *Fatos & Fotos*, dezembro de 1962.

Assim, já em 11 de novembro de 1962 o jornal *Diário de Notícias*, do Rio de Janeiro, poderia transcrever com o título "Na França bossa nova é música norte-americana" uma notícia do jornal francês *Paris Jour*, que dizia:

> "Sacha Distel decidiu dançar na França uma nova dança: a *bossa nova*. Sob esse título se esconde o bom e velho samba, rejuvenescido pelo *jazz*. Sacha Distel, importador exclusivo desse ritmo nascido nos Estados Unidos, já gravou um disco batizado de *Venham dançar a bossa nova*."

Uma semana depois, a 17 de novembro de 1962, o mesmo jornal poderia publicar sob o título "Itália verá de perto a bossa nova" esta outra notícia, colhida no jornal italiano *Il Giorno*, e que vale a pena ser transcrita, na íntegra, como um documento da mais alta importância para a história das ilusões subdesenvolvidas de conquista dos mercados estrangeiros para os produtos culturais brasileiros:

> "O jornal *Il Giorno*, que tem excelente seção de *jazz*, anunciou com destaque que a Itália terá, finalmente, oportunidade de conhecer a bossa nova brasileira ainda este mês. Por iniciativa da Interdisc, sociedade internacional com sede em Lugano e que distribui em toda a Europa os discos de *jazz* de numerosas gravadoras norte-americanas, sobretudo da Riverside, os italianos poderão conhecer essa nova febre que acaba de invadir os Estados Unidos e que sem dúvida se espalhará rapidamente por toda a Europa, tal o entusiasmo com que o ritmo vem sendo acolhido.
> Diz o jornal que Bill Grauer, conhecido não somente como industrial, mas como animador do *jazz* e descobridor e lançador de talentos, decidiu assumir a responsabilidade de uma série de concertos na Europa,

por músicos da última fornada, isto é, aqueles que atualmente estão na crista da onda, pelo menos no âmbito do *jazz*.

A primeira *tournée* organizada segundo esse critério pela Interdisc, com a colaboração, na Itália, da Melodicon, passará por Milão no dia 19 próximo e ficará, também, três dias em Roma.

O programa, observa o jornal, é dos mais estimulantes. Entre os animadores do concerto, que oferecerá ao público as composições de Carlinhos Lyra, Vinicius de Moraes, Tom Jobim e outros, figura o guitarrista Charlie Byrd, aluno de Segovia, que até 1961 se dedicava à música espanhola. A serviço do Departamento de Estado norte-americano no Rio de Janeiro, descobriu no ano passado a 'bossa nova', tornando-se cultor dela. Foi ele quem gravou o primeiro disco, com Stan Getz, nos Estados Unidos, da bossa nova brasileira. Acredita o jornal que na Itália as composições brasileiras desse gênero terão acolhida calorosa."[102]

---

[102] Um exemplo tocante de como a falsa compreensão de uma realidade pode levar alguém a uma forma de patriotismo inteiramente equivocada pode ser oferecido, por exemplo, com a transcrição do seguinte trecho de reportagem de Orlando Mota, enviado especial dos Diários Associados a Londres, publicada na segunda quinzena de novembro de 1962 no jornal *Diário de S. Paulo*: "[...] eu andava pela 7ª Avenida, descendo do American Hotel na direção do Times Square quando de repente senti a pancada: era o som de Zoot Zims em *New Beat Bossa Nova*. [...] Os críticos, de um modo geral, louvam com entusiasmo a chegada do novo ritmo ('Welcome, Bossa Nova!') e eu tomo conhecimento nas colunas de *Music* e *Records* de que, "among the spat of Bossa Nova records" pode-se encontrar o *What's New?*, de Sonny Rollins (RCA Victor); o *Braziliance*, de Laurindo de Almeida (citado como o verdadeiro pai da bossa nova desde 1953), da World Pacific; o *Latin Impressions*, de Charlie Byrd (Riverside); o *Brazil's Brilliant João Gilberto*, dele mesmo (Capitol); o *Amor!*, de Luís Bonfá (Atlantic); o *Softly... But With That Feeling*, de Herb Ellis (Verve); o *Jazz Samba*, de Stan Getz e

Era, como se vê, a Interdisc, sociedade internacional com sede em Lugano, que, através da gravadora Riverside, norte-americana, se encarregaria de divulgar a criação ironicamente chamada de brasileira na Europa, enquanto o industrial *doublé* de animador de *jazz* Bill Grauer, em colaboração com a Interdisc internacional e a Melodicon italiana, tratava de promover uma *tournée* do músico norte-americano Charlie Byrd — o mesmo que descobrira a matéria-prima da bossa nova "a serviço do Departamento de Estado norte-americano no Rio de Janeiro".

Charlie Byrd (Verve); o *Brazil*, de Juca Mestre and His Brasileiros (Audio Fidelity); o *Bossa Nova*, de Shorty Rogers (Reprise); o *Contemporary Music of Mexico and Brazil*, de Cal Tjader (Verve); o *Bossa Nova*, de Barney Kessel (Reprise); o *New Beat Bossa Nova*, de Zoot Zims (Colpix) e muitos e muitos outros *long-playings*". Após esse verdadeiro quadro da dominação econômico-cultural de um país pelo outro, Orlando Mota concluía, em estado de absoluta inocência do ridículo sociológico em que incorria (e ele, afinal, representava o pensamento que milhões de pessoas conservam no Brasil até hoje): "Certo ou errado, estão falando de nós, e este é o melhor sintoma do sucesso".

12.
CAYMMI — OS 40 ANOS DE BONS SERVIÇOS DE ALOYSIO DE OLIVEIRA PRESTADOS À MÚSICA DOS EUA

> Dorival Caymmi e a tentativa de sofisticação da música popular de linha tradicional com a canção "Das rosas" — A história de Aloysio de Oliveira e seus 40 anos de serviços prestados à música norte-americana — Silvinha Teles, Aloysio de Oliveira, Walt Disney & cia. — A gravadora Elenco, o intercâmbio de interesses musicais Brasil-Estados Unidos e a abdicação da cultura nacional como resultado — O mecanismo do açambarcamento do mercado do disco explicado por Lamartine Babo.

A incapacidade de perceber o verdadeiro mecanismo de absorção da arte e do artista do país subdesenvolvido, principalmente depois da trustificação definitiva do mercado internacional do disco, levou numerosos artistas brasileiros a engrossar a leva de bossa-novistas de primeira hora em novas excursões ao exterior, a partir de 1962.[103]

---

[103] Para os artistas, a excursão ao exterior, pessoalmente, ia constituir a partir daí uma tentativa de arrancar dos trustes ao menos um pró-labore pelas suas apresentações pessoais, uma vez que na situação do pagamento de direitos — mesmo na hipótese de uma música brasileira furar o bloqueio fazendo sucesso isoladamente (caso de "Mamãe eu quero", "Aquarela do Brasil" e algumas outras) — o resultado era assim descrito pelo cronista Nestor de Holanda no artigo "A I Semana da Música Popular Brasileira", publicado no quinzenário *Para Todos*, nºs 15-16, de dezembro de 1956-janeiro de 1957: "O autor de uma versão, no Brasil, ganha 25% dos direitos autorais. Mas um samba nosso executado, por exemplo, na Argentina, é pago aos Estados Unidos. De lá é pago ao Brasil. Ganham nesse samba: sociedade de autores, editor e governo argentinos; sociedade, editor e governo americanos; sociedade, editor e governo brasileiros. Ora, o autor da versão, na Argentina, já levou 50% dos direitos. Que sobra ao compositor brasilei-

Entre esses artistas que a euforia de uma falsa vitória enchia de esperanças ia figurar até o velho compositor baiano Dorival Caymmi. Já de cabelos brancos, e como se estivesse esquecido de que o seu samba de sucesso "O que é que a baiana tem?" valera menos do que a rumba "South American Way", na voz de uma Carmen Miranda manipulada pela máquina de Hollywood, o chamado "cantor dos mares da Bahia" (embora sua canção "O mar" seja montada num tema de Grieg) lá viajou em 1965 para os Estados Unidos, acompanhado pelas cantoras do Quarteto em Cy. Tudo o que ia conseguir, no entanto, seria a comprovação da própria decadência, através do efêmero sucesso da canção "Das rosas" — uma mera concessão à música sofisticada e comercial que nada vinha acrescentar à sua obra.

A própria presença das moças do Quarteto em Cy nos Estados Unidos, aliás, envolvia àquela altura a participação de um brasileiro cuja atuação no processo de alienação da música popular brasileira, no âmbito da classe média, vinha da década de 1930. Seu nome: Aloysio de Oliveira.

Nascido em 1914 no bairro do Catete, na Zona Sul do Rio de Janeiro, onde a expansão urbana passara a concentrar o grosso das famílias de posses médias, Aloysio de Oliveira tornou-se um jovem típico da cidade que, em poucos anos, pretenderia a posição de núcleo cosmopolita, em reconhecimento da criação de um mercado relativamente interessante para os artigos estrangeiros, o que por sua vez se explicava pela sua posição de capital de um país em fase de expansão.

Como os demais companheiros que, desde o fim da década de 1920, formavam no carnaval um grupo chamado Bloco do Bimbo, para brincar nas ruas e tomar parte nos banhos de mar a fantasia da Praia do Flamengo, Aloysio de Oliveira formou-se musicalmente no auge da influência do *jazz* e das músicas de

---

ro? Em cálculo recentemente feito sobre seus direitos, Ary Barroso chegou à conclusão desesperadora de que recebe apenas 10 centavos em cada 100 cruzeiros que rendam suas músicas...".

dança norte-americanas sobre a classe média carioca, o que se acentuava precisamente por volta de 1929, quando a formação do seu conjunto Bando da Lua coincide com o advento do cinema falado de Hollywood.

Essa influência, notada, aliás, desde aquela época, seria reconhecida pelo próprio Aloysio de Oliveira mais de 35 anos depois como perfeitamente natural, ao declarar em entrevista para a série "Panorama da bossa nova", publicada no *Jornal do Brasil* de 12 de maio de 1965:

> "Quando nós aparecemos, começaram a falar em influência norte-americana. Devo dizer que a nossa música sofre e sempre sofreu influência, desde o seu início, e vai continuar sofrendo cada vez mais. De modo que já naquele tempo, nas nossas primeiras gravações, já diziam que nós estávamos americanizando a música brasileira. De fato, havia uma grande influência da música americana na música que o Bando da Lua fazia, porque nós, além de fazermos música brasileira, tínhamos também um quarteto em que cantávamos música americana, copiando os discos dos Mills Brothers daquele tempo. De modo que muita coisa dos Mills Brothers nos influenciou nos nossos arranjos e nas nossas adaptações; isso é uma coisa normal e nós fazíamos muita coisa assim ao estilo americano, e por isso diziam naquele tempo que da maneira que cantávamos estávamos americanizando o samba. Isso vem daquela época."[104]

Graças a essa confessada abdicação de características brasileiras em favor de influências que começavam a ser impostas em nível industrial (o que marcava o início da massificação de

---

[104] "Aloysio de Oliveira (I)", série "Panorama da bossa nova", *Jornal do Brasil*, 12/5/1965, Caderno B, p. 5.

uma cultura média urbana, obedecendo a matrizes impostas pelos países exportadores de produtos manufaturados), Aloysio de Oliveira, identificado na alienação aos demais componentes do Bando da Lua, pôde garantir à cantora Carmen Miranda, nos Estados Unidos, um suporte rítmico e harmônico ao alcance do público que — estimulado no momento a receber a estilização exótica da sua própria música — aceitou cantora e acompanhadores com o mesmo entusiasmo com que aplaudia também a orquestra de Xavier Cugat e a organista Ethel Smith, especialistas em "ritmos latino-americanos".

Radicado nos Estados Unidos a partir de 1939, Aloysio de Oliveira não teve dificuldade em identificar-se imediatamente com os interesses norte-americanos, passando a trabalhar para Walt Disney em trilhas sonoras e dublagens de documentários e desenhos produzidos em obediência à orientação do Departamento de Estado, para conquista da boa vontade do público das Américas, no momento decisivo do assalto aos seus mercados.[105] Somente ao lado de Carmen Miranda, os "Miranda Boy's" ou o

---

[105] Walt Disney, a quem Aloysio de Oliveira emprestou sua melhor colaboração nos Estados Unidos, morreu servindo aos interesses ideológicos do governo norte-americano. De fato, seus últimos planos, em novembro de 1967, pouco antes de morrer, incluíam a realização para o Population Council of New York de um desenho animado com o Pato Donald, em 16 milímetros, mostrando as vantagens da limitação dos filhos. Esse filme de 10 minutos foi realmente levado a cabo pela equipe de Walt Disney em 1968, e traduzido para 20 idiomas (na maioria falados em países subdesenvolvidos), passou a realizar o serviço tornado difícil para as "missões americanas", pois "ficou provado que os centros médicos e de assistência social estão incapacitados de aconselhar os povos semianalfabetos simplesmente porque estes têm preguiça ou se recusam a ler os folhetos explicativos". Os objetivos da planificação familiar nos países subdesenvolvidos, como todo mundo sabe, escondiam a preocupação político-econômica de evitar a alteração das estruturas arcaicas por força da explosão demográfica, o que obrigaria à criação acelerada de infraestruturas industriais naqueles países a fim de absorver a mão de obra crescente, com grande prejuízo para o equilíbrio econômico capitalista mundial, acomodado à hegemonia norte-americana.

"Moon Gang", como os americanos chamavam o Bando da Lua, Aloysio de Oliveira e seus companheiros tomaram parte em 13 filmes, de 1940 a 1955, todos oferecendo uma visão deformada do Brasil: as canções eram quase todas cantadas em inglês, em estilo americanizado, quando não eram diretamente de compositores norte-americanos, e a própria roupa dos integrantes do conjunto, em estilo de rumbeiro, ajudava a divulgar a imagem estereotipada com que o internacionalismo de Hollywood pretendia englobar os povos das Américas, por economia de produção e desprezo pelas suas culturas particulares.

Aloysio de Oliveira desempenhou esse papel de líder inocente de um grupo de brasileiros alugados a interesses da indústria e da política internacional norte-americana até 1956, quando a morte de Carmen Miranda e o desaparecimento do interesse pelo produto exótico industrializado pela indústria cinematográfica tornou irrisória a presença das figuras dos músicos que — afinal — só existiam complementarmente como fornecedoras de ritmo para fazer dançar uma divertida boneca de turbante, treinada para cantar durante anos com sotaque latino, revirando os olhos.

De volta ao Brasil, após 17 anos de atividades nos Estados Unidos, Aloysio de Oliveira assumiu o cargo de diretor artístico da fábrica de discos Odeon no Rio de Janeiro, onde passaria a funcionar como incentivador da penetração cada vez maior da música americana ou americanizada no Brasil.

Como acontecia que, exatamente por essa época, uma geração do novo bairro de Copacabana, equivalente à de Aloysio de Oliveira no Catete e Flamengo dos anos 1920, fazia entrada no cenário musical do Rio de Janeiro tentando colocar uma produção identificada com as últimas tendências do *jazz* intelectualizado norte-americano (quando não os clássicos comerciais, tipo Cole Porter, de grande fascínio sobre o "maestro" Tom Jobim), o antigo líder do Bando da Lua identificou-se com tais grupos, e começou a apadrinhá-los. Após tornar-se responsável pela gravação do *long-playing Chega de saudade*, anunciado como desencadeador do movimento da bossa nova, Aloysio de Oliveira passou a receber com tal entusiasmo todas as produções do novo estilo americanizado, que a própria fábrica Odeon foi obrigada a tomar providências: em 1960, como o público ainda reagia à novidade e os discos de bossa nova gravados por interferência do diretor artístico se acumulavam nas prateleiras, Aloysio foi demitido.

Nesses contatos com a geração de artistas da bossa nova, o antigo empregado de Walt Disney conheceu uma cantora chamada Silvinha Teles, representante típica da geração carioca culturalmente formada sob influência norte-americana (ela aumentava a idade para poder ouvir o mulato americanizado Johnny Alf tocar piano na boate Plaza, de Copacabana), e levou-a a casar nos Estados Unidos, onde já mantinha contatos e estabelecia interesses com editores e gravadoras.

Graças a essas suas relações com os meios musicais norte-americanos, a cantora Silvinha Teles chegou a gravar então alguns discos nos Estados Unidos, o que no Brasil se noticiava com um tom quase de felicidade agradecida, como nesta nota da seção "Música popular", do jornal *Folha de S. Paulo* de 31 de março de 1963:

> "A cantora Silvinha Teles regressou recentemente dos Estados Unidos, onde foi casar-se com o locutor dos filmes de Walt Disney, Aloysio de Oliveira, antigo integrante do Bando da Lua. Durante sua estada naquele país fez uma série de gravações no Valentine's Studios, onde só os maiorais do *jazz* e do cancioneiro popular fazem música. Com Barney Kessell gravou 'Sábado em Copacabana', 'Meu amanhã' e 'Manhã de carnaval'; com Calvin Jackson cantou, em disco, 'Amor sem fim' e 'Canção que morre no ar', e com Bill Hitchcock fez 'Among My Souvenirs'. Em Los Angeles, Califórnia, visitou diversos brasileiros radicados nessa cidade, como Nanai, antigo músico do conjunto

Anjos do Inferno, e Russo do Pandeiro. Silvinha Teles foi convidada para trabalhar numa boate, mas seu marido não quis."

De volta ao Rio de Janeiro, casado com a cantora Sílvia Teles pela lei americana, Aloysio de Oliveira retomou suas atividades de diretor artístico, já agora na gravadora Philips, onde continuou a "gravar discos considerados anticomerciais"[106] de cantores da moderna tendência norte-americana, o que o creditou depois para organizador de dois lançamentos públicos decisivos para a aceitação do novo gênero musical no âmbito da classe média: o *show* da boate Au Bon Gourmet, de Copacabana, onde, com a colaboração do compositor e jornalista Fernando Lobo, "mostrou pela primeira vez ao público [...] um espetáculo de bossa nova, onde foram lançadas as músicas 'Garota de Ipanema', 'Só danço samba' e 'Insensatez'"[107] (enquanto o bailarino americano Lennie Dale tentava estilizar uma dança para a nova batida), e, depois, a comitiva do Carnegie Hall.

Foi assistindo a esse *show* da boate de grã-finos cariocas, por sinal, que o *disc-jockey* norte-americano Felix Grant "ficou fascinado com o novo ritmo brasileiro, e seguro do seu êxito começou a tocá-lo todas as noites em seu programa nos Estados Unidos" — como escreveu na revista O *Cruzeiro* Marisa Alves de Lima, acrescentando ter nascido daí "o interesse de músicos como Stan Getz e Charlie Byrd, que gravaram o 'Desafinado' de Tom e Newton Mendonça, que foi realmente o primeiro sucesso da bossa nova nos Estados Unidos".[108]

A partir do espetáculo do Carnegie Hall o empresário Aloysio de Oliveira estava, pois, tão identificado com os interesses

---

[106] "A bossa é nossa", reportagem de Marisa Alves de Lima, O *Cruzeiro*, 2/9/1967.

[107] Reportagem citada.

[108] Reportagem citada.

O samba agora vai...

norte-americanos e do seu grupo solidário, a bossa nova, que a ideia da criação de uma gravadora própria nasceu como uma consequência quase necessária.

Confiado nas suas boas relações com editores e gravadoras norte-americanas, e ignorando, apesar de toda a sua experiência, a realidade econômica asfixiante dos trustes fonográficos, Aloysio de Oliveira deixou seu emprego na Philips e fundou uma gravadora, a Elenco. Desde logo convencido de que suas edições se dirigiriam sempre a um público muito reduzido — o que o colocava, ao menos neste ponto, numa posição muito realista —, o antigo músico de Carmen Miranda tentou penetrar no mercado através da promoção da bossa nova com o chamariz de figuras do *café society* (lançamento da Sra. Teresa de Souza Campos como cantora), e da representação direta de interesses musicais norte-americanos. Neste último expediente ia desde logo figurar o contrato com a World Pacific Jazz, para lançamento de um disco de *jazz* de 30 em 30 dias no Brasil, e a criação da chamada Série Verde, da gravadora Elenco, através da qual os norte-americanos devolviam como produto acabado a matéria-prima da bossa nova, como foi o caso do primeiro disco de Sérgio Mendes, *Bossa Nova York* (1964), o primeiro a ser gravado nos Estados Unidos por elementos da bossa nova, com reforço de três músicos americanos.

Muito significativamente, isso tudo se dava pouco antes de uma pequena nota, publicada na página "Música popular" do *Jornal do Brasil* de 12 de maio de 1965, indicar, de maneira sintomática, que "com o acordo feito por Nilo Sérgio com a RCA reduziram-se brutalmente os lançamentos da Musidisc em termos de música brasileira". Ora, como a Musidisc, tal como a Elenco, constituíam tentativas de brasileiros de furar o mercado dos trustes, os contratos de Aloysio de Oliveira com etiquetas americanas e o acordo de Nilo Sérgio com a RCA Victor indicavam que esses expedientes comerciais já escondiam uma capitulação: não podendo disputar o mercado em pé de igualdade de organização, capital, distribuição e vantagens oferecidas aos artistas contratados, a própria semelhança entre a bossa nova e a música americana os colocava em desvantagem, na hora do oferecimento do produto acabado ao público.[109]

Antes de compreender essa realidade, porém, e sempre confiando no possível bom resultado da identidade dos interesses do mercado brasileiro-americano, ao mesmo tempo consumidores da música do *jazz bebop* e do seu *ersatz* brasileiro da bossa nova, Aloysio de Oliveira entrou a alternar com a RCA Victor, a Odeon e a Philips no lançamento de uma série de gravações em que a abdicação cultural atingia a própria língua comum. Um *long-playing* gravado com Sílvia Teles, Lúcio Alves e Roberto Menescal se intitulava *Bossa Session*, e ainda outro — sob o pretexto de ter sido gravado por encomenda da etiqueta norte-americana Kapp Records — chegou ao extremo delirante de americanização ao ser lançado com um convite aos cronistas de discos dos jornais brasileiros em que se lia:

"Aloysio de Oliveira tem o prazer de convidar o Sr. .... para o coquetel de lançamento do *long-play The Music of Mr. Jobim by Sylvia Telles*."

Em 1965, dois anos depois de lançada a Elenco, o entrosamento entre a gravadora de Aloysio de Oliveira e as co-irmãs norte-americanas ainda era tão íntimo, que podia ser surpreendido em simples notinhas de jornais, como a publicada na seção "Discos", da página de música popular do *Jornal do Brasil* de 9 de junho daquele ano: "*The Astrud Gilberto Album*, gravado nos

---

[109] A seção "Discos" do *Jornal do Brasil* ainda voltaria um mês depois a testemunhar as dificuldades enfrentadas pela gravação de músicas brasileiras realmente populares, informando em sua edição de 9 de junho de 1965 que "*Roda de samba*, o LP do conjunto A Voz do Morro, gravado na Musidisc, e que tem tudo para ser um dos melhores do ano, finalmente estará amanhã à venda, depois de um período de quase sete meses desde o dia em que acabou de ser gravado".

O samba agora vai...

Estados Unidos, e no qual está incluído 'Garota de Ipanema', vai ser lançado aqui também pela Elenco e, segundo carta da cantora a Aloysio de Oliveira, contará com sua presença".

Tudo isso representava, no fundo, o clímax de um processo de açambarcamento do mercado do disco brasileiro, cujo *rush* se iniciara após a Segunda Guerra Mundial, e que, em julho de 1958, já poderia ser perfeitamente localizado pelo compositor Lamartine Babo, ao responder a uma enquete de *O Semanário*, do Rio de Janeiro, dizendo:

> "A desproporção entre o custo de uma gravação no Brasil (incluindo orquestra e intérpretes, autores e demais despesas de estúdio) e o baixo preço da prensagem das matrizes dos discos estrangeiros é uma das causas principais da invasão do comércio brasileiro pela música oriunda desses países."

Ao que ajuntava adiante, com toda a justeza:

> "O que pode parecer, à primeira vista, um fenômeno natural, justificando-se a aceitação desses discos pela boa qualidade das orquestrações e dos intérpretes, não passa, afinal de contas, de uma simples questão de ordem comercial. Todas as fábricas de discos, indistintamente, percebem muito maior lucro com a distribuição das músicas estrangeiras do que com a gravação das melodias nacionais."[110]

No caso da Elenco, nem a prensagem das matrizes americanas a salvou. Como o público altamente sofisticado a que Aloysio de Oliveira pretendia se dirigir podia comprar diretamente os

---

[110] "Cantores e compositores denunciam através de *O Semanário*: propaganda dirigida desvirtua a música popular brasileira", *O Semanário*, nº 117, semana de 10 a 17 de julho de 1958, pp. 7 e 14.

LP importados, e os artistas nacionais lhe voavam das mãos tão logo uma das grandes gravadoras lhes acenava com um contrato, a Elenco viu aumentar o seu passivo, até que o encalhe de um único disco — o do jornalista e político Carlos Lacerda lendo sua tradução do *Júlio César*, de Shakespeare — provocou a extinção da gravadora. Após a venda das suas edições e do que restava do seu patrimônio para a gravadora estrangeira Philips, é claro.

Depois do fracasso dessa tentativa de industrializar a sua deformação cultural, Aloysio de Oliveira ficou tão desgostoso com o Brasil que voltou para os Estados Unidos, a fim de dedicar--se com mais afinco aos seus negócios de edições musicais, em sociedade com o norte-americano Ray Gilbert.

13.
ENFIM, O SOM UNIVERSAL
E O PAPEL DE SÉRGIO MENDES NELE

> Do aboleramento do samba-canção ao som universal: a imposição da música fabricada e o fim das ilusões de produção regional — A atração dos artistas pelos centros-sede da "música universal" — O papel de Sérgio Mendes: sua formação jazzística no Brazilian Jazz Sextet, no Hot Trio do Bottle's e a carreira nos Estados Unidos a partir do Carnegie Hall.

O amoldamento progressivo da chamada música de meio de ano ao gosto internacional, desde o samba-canção abolerado da década de 1940, tinha conseguido descaracterizar por tal forma o que ainda existia de ligação com as fontes da tradição popular brasileira, que a música urbana, ao nível da classe média, ia entrar em nova fase: a da procura dos chamados "sons universais" propostos pela indústria do disco, a fim de obter o alargamento do mercado em nome da cultura de massa.

Essa modificação, que passaria a obrigar os artistas a mudarem-se para o próprio centro de irradiação das modas musicais industrializadas, só podia acabar, logicamente, com as gerências do tipo desempenhado por Aloysio de Oliveira. E, realmente, limpo o mercado das pretensões da formação de centros produtores regionais, toda a atividade musical do Brasil e dos demais povos subdesenvolvidos, no plano da criação urbana, ia girar a partir de 1968 em torno de dois centros de polarização: norte-americano, desde logo representado pela incorporação do novo som do conjunto de Sérgio Mendes, e o europeu, através da promoção pessoal dos artistas e compositores conforme a sua cotação na bolsa de valores musicais do MIDEM (Mercado Internacional de Discos e Editores Musicais), anualmente reunido em Cannes, na França, desde 1967.

Para esta segunda fase do aproveitamento, em benefício próprio, das ilusões brasileiras de exportação de sua música popular de classe A (porque os sambas abolerados, a música sertaneja, as canções românticas e os bons sambas tradicionais continuavam a dividir o interesse do mercado interno com os ritmos comerciais tipo iê-iê-iê), os norte-americanos iam contar com uma figura em tudo e por tudo equivalente à de Aloysio de Oliveira: o pianista Sérgio Santos Mendes.

Músico da geração das *jam sessions* da boate Little Club, do Rio de Janeiro, nos idos de 1960, o pianista Sérgio Mendes — nascido em Niterói, estado do Rio de Janeiro, e criador do sexteto Bossa Rio e depois do conjunto Brasil 66 — tivera realmente uma formação musical que repetia a de Aloysio de Oliveira 30 anos antes, embora mais castiça do ponto de vista do *jazz*.

De fato, quando o jovem Sérgio Mendes despertou para a música, no início da década de 1950, a juventude das grandes cidades brasileiras já não saía no Bloco do Bimbo, isto é, já se iniciava diretamente na música americana, sem qualquer experiência simultânea com os gêneros tradicionais (o baião era na época considerado prova de subdesenvolvimento, e o samba-canção produzido por compositores profissionais do meio do rádio e aviltado pelas orquestras de dança descambara para o bolero).

Assim, o alheamento de Sérgio Mendes das raízes culturais brasileiras desde sua formação como músico — no que não diferia dos seus contemporâneos da primeira geração da bossa nova — já tinha alcançado tal grau em 1961, que lhe permitiria comparecer ao III Festival Sul-Americano de Jazz do Uruguai, em 1961, liderando um conjunto que se chamava Brazilian Jazz Sextet.

De volta ao Rio de Janeiro, após representar os jazzistas brasileiros na festa de alienação cultural latino-americana, Sérgio Mendes foi convidado a atuar profissionalmente numa nova casa noturna que abria no Rio de Janeiro com o nome americano de Bottle's. Sua função, logicamente, seria fornecer a música mais americanizada possível para um tipo de frequentador cujo maior ideal era pensar que vivia em Nova York. Para garantir a coerência, a estreia de Sérgio Mendes se fez à frente de um pequeno conjunto intitulado Hot Trio, mais tarde transformado no conjunto Bossa Rio.

Ao recordar esses primeiros tempos da carreira do conjunto de Sérgio Mendes num artigo da série "Pequena história do samba-jazz", o comentarista de *jazz* Robert Celerier lembraria, em 1964, que "com o excelente conjunto Bossa Rio (1ª versão), a fonografia brasileira perdeu a chance de produzir um disco notável. Os arranjos de Paulo Moura, o entrosamento de seu alto com o pistão delicado de Pedro Paulo, o piano ainda hesitante, mas sempre agradável de Sérgio Mendes, o enérgico balanço fornecido pelo baixo de Otávio e a bateria de Dom Um, tudo se juntava para formar um pequeno conjunto de grande classe".[111]

Está claro que — como ia salientar dois anos depois na seção "Jazz bossa nova" do matutino carioca *O Jornal* o cronista Flávio Eduardo de Macedo Soares — o que esse conjunto Bossa Rio tocava "com certeza não é música brasileira, à maneira de um Eduardo Lobo ou de Carlos Lyra, mas mesmo em termos de samba-jazz o seu nível artesanal é tão elevado que pode fazer frente sem nenhum receio aos melhores representantes da tradição que imita".[112]

A tradição que o conjunto em que Sérgio Mendes aparecia como uma das principais figuras cultivava era, evidentemente, o *jazz*. Pois foi ao sexteto desse mesmo Sérgio Mendes que coube a honra nacionalista de abrir o festival de bossa nova do Carnegie Hall, em novembro de 1962, organizado como se viu com toda a cobertura oficial para a apresentação grandiosa da música

---

[111] "Pequena história do samba-jazz", primeiro artigo de uma série publicado na seção "Jazz", de Robert Celerier, no *Correio da Manhã*, 25/10/1964, caderno Cultura-Diversão, p. 3.

[112] "Bossa Rio no Bottle's", publicado na seção "Jazz bossa nova", de Flávio Eduardo de Macedo Soares, *O Jornal*, Rio de Janeiro, 12/4/1964, 3º caderno, p. 4.

"não mais na fase da agricultura, mas industrial", no dizer do compositor Antonio Carlos Jobim, numa entrevista por sinal publicada — por ironia — sob o título "Os americanos verão a 'bossa-nova' brasileira em suas raízes autênticas".[113]

Essas raízes da bossa nova eram, aliás, tão brasileiras que, para não perder a viagem, o sexteto de Sérgio Mendes gravou em fins de 1962 nos Estados Unidos, após os espetáculos que se seguiram à exibição do Carnegie Hall, um *long-playing* cuja notícia chegaria ao Brasil em termos como estes, da reportagem "Bossa Nova York", publicada pelo *Jornal do Brasil* de 9 de janeiro de 1963:

> "Estreitando cada vez mais as afinidades entre o *jazz* e a bossa nova, o pianista brasileiro Sérgio Mendes acaba de gravar em Nova York um disco para a Riverside, com o famoso saxofonista Julian Cannonball Adderley."

Para os músicos do conjunto de Sérgio Mendes, isso equivalia à ascensão ao ponto culminante de uma carreira de representantes de um tipo de música "brasileira" que incluía, antes da ida aos Estados Unidos, importantes demonstrações da sua autenticidade perante a juventude universitária, como aconteceu na noite de 10 de novembro de 1962, a julgar pela nota publicada dois dias antes na seção "Jazz" do *Jornal do Brasil*:

> "O Diretório Acadêmico da Faculdade Nacional de Ciências Econômicas promoverá uma *Noite do Jazz Moderno*, no Teatro de Arena da FNCE, Avenida Pasteur, 250, às 20 horas de sábado próximo. Estarão presentes, entre outros, o pianista Sérgio Mendes, o saxofonista Paulo Moura e o baterista Paulinho. Os

---

[113] Entrevista a *O Globo*, Rio de Janeiro, 12/11/1962, p. 6.

convites custam Cr$ 300,00 e poderão ser adquiridos no 5° andar do *Jornal do Brasil*."

Para avaliar a autoridade com que, já então, o pianista Sérgio Mendes podia apresentar a sua "música popular brasileira moderna" perante estudantes de Ciências Econômicas (tão integrados na realidade brasileira, por sinal, que promoviam "noites de *jazz* moderno" em sua faculdade), basta citar um fato concludente: quando o pianista de *jazz* Horace Silver[114] esteve no Rio, Sérgio Mendes o hospedou em sua casa, e tanto tocou a seu lado que passaria a denotar "uma certa influência da personalidade deste último",[115] permitindo a Robert Celerier escrever num artigo intitulado "Sérgio Mendes e o Bossa Rio":

> "Sérgio Mendes apresenta-se como um solista de grande sensibilidade e força rítmica. Notem, principalmente, o seu último cruzado em 'Primitivo', e o dinâmico solo em 'Neurótico', lembrando bastante Horace Silver que, por sinal, foi sempre ídolo e amigo pessoal do jovem pianista."[116]

Em fins de 1964, portanto, quando, após dissolver o seu sexteto Bossa Rio, Sérgio Mendes formou um trio com o contrabaixista Sebastião Neto, o Tião Neto, e o baterista Edison Machado, e saiu em excursões pelas Américas do Sul e do Norte e o Japão, a "música brasileira" do pianista de Niterói tinha chega-

---

[114] Sob o nome de Horace Silver se esconde um português dos Açores chamado, na realidade, Horácio Ward Martinho Tavares da Silva, o que mostra que não é só no Brasil que Manuel Xisto se transforma em Fred Williams.

[115] Artigo "Bossa Rio no Bottle's", citado.

[116] "Pequena história do samba-jazz (III)", com o subtítulo "Sérgio Mendes e o Bossa Rio", seção "Jazz", de Robert Celerier, no *Correio da Manhã*, Rio de Janeiro, 15/11/1964, caderno Cultura-Diversão, p. 3.

do ao ponto de demonstrar que "pouco a pouco, o samba-jazz vem criando sua personalidade própria e se afastando da bossa nova original".[117]

Assim, quando em 1965, finalmente, Sérgio Mendes pôde optar de uma vez por todas pela carreira na matriz de sua cultura musical, os Estados Unidos, acompanhando o grupo intitulado Brazil 65, o disco Capitol que marcaria a excursão podia incluir, indistintamente, brasileiros como a violonista Rosinha de Valença, a cantora Wanda Sá e o norte-americano Bud Shank. Para o Sérgio Mendes Trio, particularmente, a gravadora norte-americana Atlantic reservou a honra de um LP exclusivo, o de número 1.434, em que alguma coisa do Brasil não deixava de estar presente: o seu título era *The Swinger from Rio*, e estabelecia com a última palavra uma coordenada geográfica.

Aprovado dessa forma o toque de exotismo "from Rio" aplicado a um estilo de música que, na realidade, apenas voltava aos Estados Unidos, após 10 anos de influência do *jazz* sobre o pianista Sérgio Mendes, o Brazil 65 passou com o novo ano a Brasil 66 (a troca do z do Brasil reforçando, para os norte-americanos, o ar de exotismo), e em pouco tempo, com Dom Um, Sebastião Neto e Rubens Bassini, e mais as cantoras americanas Lani Hall e Karen Philipp, o conjunto mereceu a glória da naturalização: o contrato com Herb Alpert, chefe do conjunto Tijuana Brass, e proprietário da gravadora A&M, distribuída em todo o mundo pela Odeon.

Segundo o próprio Sérgio Mendes historiava depois, um simples disco e uma *tournée* com o Tijuana lançaram o conjunto Brasil 66: "Tudo foi mais fácil em seguida: as apresentações na TV e nas universidades, até hoje o principal reduto de admiradores do Brasil 66; uma segunda *tournée*, esta com Frank Sinatra, para espetáculos presenciados, em média, por 15 mil pessoas.

---

[117] "Pequena história do samba-jazz (III)", artigo "Sérgio Mendes e o Bossa Rio", citado.

Ultimamente o sexteto excursionou ao Japão: 18 concertos nas principais cidades garantiram o primeiro lugar na preferência do público".[118]

Com a afirmação de que, após o apadrinhamento do seu conjunto pelo artista empresário Herb Alpert "tudo foi mais fácil", Sérgio Mendes estava querendo dizer que o valor comercial da média musical internacional por ele criada, através da combinação descaracterizadora de vários ritmos, fora aceita pela indústria do disco, e poderia começar a ser produzida em série (pagando *royalties* à cultura popular norte-americana, naturalmente).

A procura dessa música de massa urbana internacionalizada (o que se prova com seu sucesso em países de tradição musical não europeia, como o Japão) foi descrita, aliás, pelo próprio Sérgio Mendes como um verdadeiro trabalho de laboratório:

"A grande notícia que você pode dar", disse Sérgio Mendes ao repórter Mendonça Neto, da revista *Manchete*, do Rio de Janeiro, "é que estou criando um novo som, especial, que pretendo lançar no próximo ano [1969]." E mais adiante explicava: "Criação ou adaptação de um ritmo comum para o som universal exige de mim horas de estudo e experiência. Eu faço com as notas o que os pintores fazem com as tintas. O quadro só fica pronto depois de mil e uma misturas e tentativas de ser perfeito".[119]

Está claro que, para o antigo representante dos jazzistas brasileiros ao III Festival Latino-Americano de Jazz de 1961, essas notas só podem dar como resultado uma combinação de vermelho, azul e branco, e nunca de verde e amarelo, o que, por sinal, foi muito bem sintetizado pelo próprio Herb Alpert, ao afirmar na citada entrevista ao repórter Mendonça Neto:

---

[118] "Sérgio 68 — O som faz sucesso", reportagem de Vera Rachel, revista *Manchete*, Rio de Janeiro, 1968.

[119] "Sérgio Mendes e Herb Alpert, ou tudo o que balança é ouro", reportagem de Mendonça Neto, revista *Manchete*, Rio de Janeiro, 1968.

"O sucesso de Sérgio Mendes deve-se ao fato de que ele soube interpretar o gosto exato do povo americano. Depois de adorar o *jazz* e receber a bossa nova com uma consagração, o som do Brasil 66 era justamente o que o público americano devia estar procurando."[120]

A prova de que tudo isso era verdade é que, já em meados de janeiro de 1969, o chamado "novo som" de Sérgio Mendes subia para o terceiro lugar na parada de sucessos da música comercial norte-americana: o antigo jazzista e bossa-novista nascido em Niterói estava transformado definitivamente em industrial e comerciante da música de massa a serviço dos grandes trustes musicais norte-americanos.[121] E mais: como já tinha sob contrato dois cantores brasileiros ingenuamente atraídos ao México em 1967 — Gracinha Leporace e Pery Ribeiro —, podia lançar-se agora à exploração de talentos nativos do Brasil, como ele mesmo antecipava em fins de 1968:

"Fundei minha própria companhia de discos, a Vento Productions, e agora vou-me 'especializar' [as

---

[120] Reportagem "Sérgio Mendes e Herb Alpert, ou tudo o que balança é ouro", citada.

[121] Segundo a unanimidade de opiniões, Sérgio Mendes está perfeitamente talhado para assumir posição de empresário musical norte-americano: os contratos que oferece aos antigos colegas brasileiros de vida artística são do tipo leonino, o que impediu o compositor Edu Lobo de viajar para os Estados Unidos em 1968. O nome da empresa de Sérgio Mendes, Serrich Productions, segundo depoimento do próprio criador, foi tirado da expressão que define sua nova posição no setor empresarial da música de massa: Sérgio *rich*, ou, em português, Sérgio rico. A explicação de Sérgio Mendes (dono das editoras musicais Rodra e Berna), se bem que valha como um documento muito ilustrativo, cresce de importância quando se sabe que ela encobre uma realidade maior: o *rich* marcava, inicialmente, a presença do seu sócio Richard Adler, depois eliminado.

aspas são da reportagem] em promover nossa turma lá fora."[122]

Como prêmio por essa troca de cidadania, que lhe permitiria, desde logo, comercializar os artistas brasileiros por conta própria, transferindo assim para a própria sede, nos Estados Unidos, o centro de um trabalho às vezes realizado no Brasil por subsidiárias do tipo Elenco, de Aloysio de Oliveira, o líder do conjunto Brasil 66 ia receber a maior honraria de sua vida de alienado: comparecer ao III MIDEM, realizado de 18 a 24 de janeiro de 1969 em Cannes, representando a delegação dos Estados Unidos.[123]

---

[122] Reportagem "Sérgio Mendes e Herb Alpert, ou tudo o que balança é ouro", citada. Para conseguir seu intento, o líder do conjunto Brasil 66 conta com o atrativo econômico, como salientou a revista *Veja* na reportagem "A bossa é nossa, mas leva quem paga mais", publicada em seu número de 25/12/1968, e na qual lembrava: "Apenas uma faixa de um LP de Sérgio Mendes, nos Estados Unidos, rende mais que todas as suas gravações juntas feitas no Brasil. E nas águas de Sérgio Mendes começa um novo êxodo: Marcos Valle, Jorge Ben, Simonal, além de Milton Nascimento, que já partiu".

[123] Em pormenorizada notícia sobre o festival MIDEM de 1969, o colunista Nelson Motta escreveu em sua seção "Roda viva" do jornal *Última Hora*, do Rio de Janeiro, de 24 de dezembro de 1968: "O time americano estará formado pelo Fifth Dimension, conjunto que se lançou para a fama com 'Up, Up and Away', Bobby Goldsboro, criador de 'Honey', e Sérgio Mendes e Brasil 66". Essa nota foi publicada sem a menor intenção de ironia, inclusive pelo fato de Nelson Motta — que é também letrista de música popular — funcionar em sua coluna de jornal como *public relations* de Sérgio Mendes, depois de ter sido seu comensal durante viagem realizada aos Estados Unidos em fins de 1968.

O samba agora vai...

14.
O MECANISMO COMERCIAL DO MIDEM — TOM JOBIM, DA BOSSA NOVA A EXTRA DE FILME COM SINATRA — SÉRGIO MENDES: O SOM E O COMÉRCIO

> O papel do Festival do Disco do MIDEM na compra de matéria-prima musical — O mecanismo comercial do MIDEM revelado pela cantora Elis Regina — O êxodo de cantores e compositores para os Estados Unidos e Europa e a desilusão com o Brasil de Agostinho dos Santos, Cláudia e Maysa Matarazzo — A trajetória de Antonio Carlos Jobim, de papa da bossa nova a extra de filme de Frank Sinatra — As gravações dos LPs de Frank Sinatra com músicas de Antonio Carlos Jobim — O prejuízo de Tom Jobim aparecendo na TV americana ao lado de Frank Sinatra — A subserviência de brasileiros nos Estados Unidos contada por Aloysio de Oliveira.

A presença do conjunto de Sérgio Mendes, representando a música norte-americana em Cannes, na promoção anual do Mercado Internacional de Discos e Editores Musicais (MIDEM), serviu em 1969 para marcar com toda a clareza a posição dos artistas dos países subdesenvolvidos em face do fenômeno da concentração capitalista no campo do disco e do comércio das diversões. É que, com a indústria internacional de música da Inglaterra representada poderosamente pelo fenômeno isolado dos Beatles, e a norte-americana pelo complexo dos grandes nomes, como Frank Sinatra, os conjuntos de som fabricado, como o Tijuana Brass e o Brasil 66, e ainda os grupos de vanguarda, como o conjunto Fifth Dimension, as indústrias principalmente da França e da Itália se viram na contingência de lutar por uma representatividade maior no mercado mundial da música popular.

Ora, como o capital europeu, no campo do truste internacional do disco, estava representado praticamente apenas pela

Philips (que, por isso, ampliou suas relações com os países subdesenvolvidos das Américas), um acordo conjunto de editores de música e empresários de grandes teatros permitiu a criação de uma feira mundial de artistas no balneário de Cannes, na França, para a disputa de artistas ainda não comprometidos com os grandes editores norte-americanos.

Esse expediente dos grandes grupos de editores e empresários europeus, conseguindo com o festival do MIDEM a maneira mais barata de reunir artistas de todo o mundo, para avaliação das suas possibilidades (o festival funciona, de fato, segundo o mecanismo de uma bolsa de valores), oferecia aos artistas dos países subdesenvolvidos apenas mais uma opção para a venda da sua música como matéria-prima, ou para o aproveitamento de cantores e instrumentistas como mão de obra qualificada no mercado de atrações musicais e dos espetáculos tipo Olympia, Salle Pleyel, Bobino, de Paris, ou Théâtre 140, de Bruxelas.

Naturalmente, consolidada a posição de economia dependente por parte dos países subdesenvolvidos, em relação às estruturas que ditam as tendências em todos os campos da indústria — inclusive da diversão —, essa oportunidade de expor mercadorias vinha atender também, no momento exato, a um interesse da moderna classe dos empresários nacionais, pois, no dizer de um deles, Guilherme Araújo, representante do chamado Grupo Tropicalista, "ninguém vem ao Brasil contratar ninguém...".[124]

Essa característica de mercado, em que o artista e suas músicas são avaliados comercialmente por padrões da indústria internacional do disco e do *show business*, foi claramente documentada pela cantora Elis Regina, pioneira do II Festival do MIDEM, em 1968, ao declarar na reportagem "O Brasil vai a Cannes vender música", publicada pela revista *Veja*, de São Paulo, de 15 de janeiro de 1969:

---

[124] "A bossa é nossa, mas leva quem paga mais", revista *Veja*, de São Paulo, de 25/12/1968, seção "Música", p. 56.

"A gente canta e eles dão a nota. Se a nota é boa, eles compram a música ou o cantor. Se eles compram o artista, ele passa a ser notícia e seus discos passam a vender. Se os discos trazem sucesso, o artista é convidado para televisões e teatros."[125]

Nessa mesma reportagem da *Veja* — escrita, por sinal, segundo o tradicional espírito de otimismo equivocado em relação à possibilidade quimérica da imposição do produto "música popular" como um produto brasileiro —, dois personagens interessados comercialmente no Festival do MIDEM completavam o quadro ilustrativo do moderno mecanismo de apropriação da matéria-prima e da mão de obra musical especializada dos subdesenvolvidos fazendo estas declarações que não permitem duas interpretações:

"Este ano o Brasil vai ser o grande sucesso do MIDEM e colocar a maioria de suas músicas no mercado mundial dos discos", diz eufórico André Midani, presidente da Companhia Brasileira de Discos, a gravadora brasileira que mais artistas mandou para Cannes. "Edu, Chico, Gil, Os Mutantes, após um ano cheio de festivais disputadíssimos, talvez estranhem a serenidade e frieza com que os homens de negócios concluem os seus acordos comerciais em plena plateia. São editores, donos de gravadoras, empresários teatrais, proprietários de boates, cantores e orquestradores, todos interessados em renovar o seu repertório." Um dos criadores do MIDEM, Bernard Chevry, explica melhor: "O MIDEM não é competitivo. É uma feira em que os artistas do mundo inteiro oferecem seus espetáculos e suas canções. Quem estiver interessado compra".

E como se esses depoimentos não bastassem para pintar o quadro de uma feira internacional de produtos musicais, em que

---

[125] "O Brasil vai a Cannes vender música", revista *Veja*, de São Paulo, de 15/1/1969, seção "Música", p. 62.

os países subdesenvolvidos só podem, logicamente, oferecer amostras de matérias-primas, o empresário da cantora Elis Regina, Antonio Carlos Tavares, ainda acrescentava, garantindo um fecho de ouro para a reportagem da seção de música popular da revista *Veja* citada:

> "Teletipos e telefones funcionam o tempo todo, enquanto a TV europeia irradia tudo a cores. Toda a apresentação fica gravada em máquinas: com uma moedinha de 1 franco, o artista pode ver a si próprio na tela, cantando. E os de maior sucesso veem a sua cotação subir nesta verdadeira bolsa de valores fonográfica."[126]

Duas semanas antes dessa reportagem, a 25 de dezembro de 1968, a própria revista *Veja*, na reportagem intitulada "A bossa é nossa, mas leva quem paga mais", já citada, teimava em ignorar, com o tradicional ufanismo equivocado da classe média brasileira, a realidade econômica da nova excursão de cantores e compositores brasileiros ao exterior, publicando como legenda para uma fotografia de Gilberto Gil e dos componentes do conjunto de iê-iê-iê Os Mutantes: "Os Mutantes e Gilberto Gil: vão ao MIDEM em 1969 para conquistar a Europa".

Realizado o festival, com a presença de 4 mil representantes de 312 sociedades de 36 países, responsáveis pela fabricação de mais de 1 bilhão de discos por ano, a grande revelação só poderia ser dos representantes do país que colabora para a produção total de discos do mundo com 55 milhões de exemplares: o conjunto Fifth Dimension, dos Estados Unidos.

Para o Brasil ficou "a certeza de um amplo sucesso visual dos artistas e da música popular brasileira no exterior", na tocante definição do correspondente do *Jornal do Brasil* em Paris,

---

[126] Reportagem citada.

Armando Strozenberg, publicada na edição do dia 25 de janeiro de 1969, que ainda esclarecia — referindo-se aos resultados do festival — ser o "seu aspecto comercial e popular quase nulo".

Do sucesso visual, é claro, teriam que resultar algumas compensações, mas ao preço da desnacionalização do artista brasileiro e da sua transferência para os centros de produção da música internacional: Chico Buarque de Holanda gravou um LP em italiano, revelando seu propósito de fixar residência em Roma. Edu Lobo anunciava para depois do MIDEM viagem a Los Angeles, "em companhia de Armando Pittigliani, para acertar de vez sua ida para a América" (conforme nota do colunista Nelson Motta, em sua seção "Roda viva", do jornal *Última Hora*, do Rio de Janeiro, de 23 de janeiro de 1969). E, enquanto isso, telegrafava de Paris para Lisboa, convidando a cantora Joyce para um *show*. Os Mutantes foram para Londres cantar em inglês na BBC e na televisão. E o mesmo faria a cantora Elis Regina, gravando em Estocolmo, com a orquestra de Toots Thielemans, o LP *Elis & Toots, Made in Sweden*.

Essa debandada de mão de obra especializada (muitos levando a matéria-prima de suas composições) já podia ser antecipada desde dezembro de 1968 pelo colunista Adones de Oliveira, em uma reportagem intitulada "Nossos artistas vão viajar" (seção "TV-Show", do jornal *Folha de S. Paulo*, de 14 de dezembro de 1968), na qual escrevia, denunciando sem querer a verdadeira razão do êxodo:

> "Acabados os festivais, os musicais na televisão caindo de moda, alguns dos nossos melhores artistas demandam o exterior. Anteontem Milton Nascimento, triste por sinal com a desclassificação de 'Sentinela' no recente festival, viajou para Nova York. A cantora Márcia foi para Lisboa, encontrar-se com Baden Powell e Vinicius de Moraes, que já estavam por lá. Sérgio Mendes e Herb Alpert, que estão no Rio, vão levar Dori Caymmi. Em janeiro viajam Chico Buarque de

Holanda, Edu Lobo, Toquinho e Marcos Valle. Essa debandada, mesmo que seja por poucos dias, tem um significado: enquanto nossa música se fortalece lá fora, enfraquece aqui dentro. E mais: nosso mercado ainda não é suficientemente forte para reter seus artistas mais importantes."[127]

Na verdade não era a "nossa música" que se fortalecia "lá fora", mas uma desgastada projeção de temas e ritmos apenas longinquamente aparentados com as raízes vivas da criação popular, salvo o caso de algumas composições de Chico Buarque de Holanda e Edu Lobo. Quanto à ausência de um mercado interno motivando o êxodo de artistas e compositores, não havia dúvida. Apenas, o que o colunista não chegava a distinguir, é que essa ausência de mercado significava a incapacidade da classe média urbana brasileira em promover a evolução da música popular sem trair-lhe as constâncias históricas, na hora da transposição cultural dos temas e dos ritmos sedimentados após mais de 200 anos de folclore e de criação urbana, sujeita de forma não mimética, mas recriativa, às influências da música europeia.

Colocados na posição de estrangeiros dentro do seu próprio país (é característico o horror da classe média das grandes cidades pelas canções de Vicente Celestino ou por criações de sucesso nacional, como "Coração de luto", de Teixeirinha, e "Para, Pedro! Pedro, Para!", do gaúcho José Mendes, quando elas é que representam a verdadeira média da cultura e da tradição da música popular brasileira, ainda tão intimamente ligadas às suas raízes rurais), os compositores, instrumentistas e cantores representantes da música "mais elevada" — isto é, mais identificada com padrões importados — só podem mesmo acabar sendo absorvidos pelas estruturas com as quais se identificam.

---

[127] Adones de Oliveira, "Nossos artistas vão viajar", *Folha de S. Paulo*, de 14/12/1968, caderno Ilustrada, seção "TV-Show", p. 19.

Em alguns casos, a comprovação dessa verdade chega a ser dramática, como aconteceu com o cantor Agostinho dos Santos. Cansado de cantar o mais parecido possível com os bons cantores norte-americanos, durante quase dez anos de experiência da bossa nova, o cantor paulista do bairro do Bexiga anunciava a 30 de outubro de 1968, pelo jornal *Última Hora*, de São Paulo, a sua partida para uma temporada na Europa, dizendo, num desabafo:

> "Se eu sou brasileiro, artista daqui, cantando coisas nossas, por que é que tenho de estar sempre pedindo aos empresários que me arranjem *shows* fora do Brasil, para que eu possa sobreviver, assim como minha família?"

Ao que o repórter entrevistador acrescentava:

> "[...] quando Marcos Lázaro perguntou se ele toparia uma temporada de dez dias cantando nas televisões de Portugal, Londres, Bruxelas e Paris (no Olympia, com Elis), Agostinho não titubeou. Arrumou as malas e parte amanhã. Lá continuará cantando as músicas que o consagraram como artista, mas que — segundo sua própria opinião — não deram condições para uma posição financeira definida: 'Olha, camarada, se o negócio lá estiver bom, se as condições financeiras forem de modo a permitir que eu e minha família tenhamos uma vida boa, pode contar que me mando. Infelizmente, mas me mando. Aqui não dá mais pé'."[128]

Menos de três meses depois dessas declarações de Agostinho dos Santos, essa contradição do cantor culturalmente estranho ao próprio meio voltaria a se tornar pública através de outro de-

---

[128] Reportagem do jornal *Última Hora*, São Paulo, 30/10/1968.

sabafo, este escrito pela própria interessada — a cantora Cláudia — especialmente para divulgação na revista dedicada à televisão *Intervalo*:

"Em três anos de carreira" — escrevia Cláudia no seu texto publicado no número da revista referente à semana de 12 a 18 de janeiro de 1969, sob o título "Sente-se injustiçada e por isso desabafa: 'Vou embora do Brasil'" —, "só me tentaram esmagar, para não deixar que eu mostrasse ao público que sei cantar. [...] Eu não quero nada, só peço a oportunidade de mostrar a todos o que tenho dentro de mim, toda a minha ternura. Vou embora do Brasil. Vou triste, pois esta terra é tudo para mim. Mas tenho que ir, pois até hoje em minha pátria tenho sido incompreendida. Voltarei ao Japão. Sinto que lá é meu lugar, onde meu canto é amado, entendido e respeitado."

Esse era também o caso confesso da cantora Maysa Matarazzo, que, ainda em fevereiro de 1969, voltava ao Brasil para seis meses de descanso, após vários anos vivendo na Espanha. Renovado o repertório, pretendia voltar para a Europa e fixar residência definitiva em Portugal.

De todos os exemplos, porém, o mais chocante, considerada a reputação alcançada como um dos principais criadores do movimento da bossa nova, foi o do compositor Antonio Carlos Jobim.

Apontado como um vitorioso após o espetáculo do Carnegie Hall — o público o aplaudiu até quando ele esqueceu a letra do samba que cantava em inglês —, Tom Jobim voltou ao Brasil em agosto de 1963 após ter gravado três LPs nos Estados Unidos: um ao piano, com orquestra, outro alternando piano e violão, ao lado de Stan Getz, e outro, que constituiu uma verdadeira experiência de *samba session* com Stan Getz, João Gilberto e o baterista Milton Banana. Apesar de, logo ao chegar, ter declarado em entrevista ter encontrado condições de trabalho adversas ("Tive ofertas excelentes. Não pude, infelizmente, tocar em nenhuma boate, porque a União dos Músicos é lá politicamente muito forte e impediu todos os instrumentistas brasileiros de entrar no circuito dos *night clubs"*), Antonio Carlos Brasileiro de Almeida Jobim ainda ia ir e vir três vezes do Brasil para os Estados Unidos, de 1964 até o início de 1967, quando ocorreu um acontecimento que viria ilustrar, definitivamente, a posição subalterna do grande artista do país subdesenvolvido quando em confronto com algum grande artista de um país economicamente mais poderoso. Deu-se que Tom Jobim estava tomando um chope no Bar Veloso, no bairro de Ipanema, no Rio de Janeiro, quando o editor e letrista norte-americano Ray Gilbert chamou-o pelo telefone internacional para comunicar que o cantor Frank Sinatra decidira gravar um disco com músicas suas, e pedia a sua presença. O compositor — que afirma ter pavor de viagens aéreas — tomou imediatamente um avião para a Califórnia e, quando chegou, soube que Frank Sinatra estava viajando:

"O homem está no Japão. O homem está em Barbados. Já foi para Paris. Agora está em Tóquio", contaria o próprio Antonio Carlos Jobim em sua entrevista para a posteridade no Museu da Imagem e do Som da Guanabara, a 25 de agosto de 1967, lembrando o que foram aqueles terríveis dias de expectativa de encontro com o grande cantor americano *doublé* de homem de negócios e *gangster* de casaca, e ao que ainda acrescentava: "Foram quase dois meses de espera, mas o disco saiu".

A história dessa primeira gravação de Frank Sinatra cantando as músicas americano-brasileiras de Antonio Carlos Jobim, por sinal iria envolver ainda uma vez — e agora numa posição quase rastejante — o curioso personagem Aloysio de Oliveira, que chegara a Los Angeles na véspera da gravação do LP. É que, como a descrição das cenas desenroladas dentro do estúdio iam ser publicadas pelo jornal carioca *Diário de Notícias* de 12 de março de 1967, reproduzindo uma correspondência enviada diretamente de Los Angeles por Aloysio de Oliveira, a impressão deixada pela leitura do documento se revelaria penosa, pelo espírito de sabujice com que nove brasileiros (o próprio Aloysio, as cantoras do então Quinteto em Cy, o compositor Marcos Valle, sua esposa, uma irmã, e Oscar Castro Neves) se comportaram em face de um acontecimento que normalmente devia ocorrer com a maior naturalidade.

Para começar, a correspondência de Aloysio de Oliveira era acompanhada por um bilhete de Tom Jobim que indicava um clima espiritual muito semelhante ao dos fiéis no Vaticano quando lhes é dado beijar o anel do papa:

> "Está uma brasa o LP que estamos fazendo Sinatra e eu. Aloysio aqui está todo nervoso como também eu, Ray Gilbert, o baterista Dom Um, que tem sido formidável. Mas tudo vai dando certo. Sinatra hoje gravou 'Dindi'. Que beleza. Em vinte minutos e sem nunca haver visto a partitura musical. Chegou, leu e disse 'gosto dessa'. E a interpretação é coisa de deixar a gente boba."

E concluía, num tom de admiração em que ficava implícito o seu quase reconhecimento pelo trabalho com que Sinatra esperava, evidentemente, ganhar alguns milhares de dólares: "E daqui por diante com a palavra Aloysio de Oliveira, contando a história de uma gravação de um homem fabuloso, que é Sinatra".

A carta-reportagem de Aloysio de Oliveira — que assume o caráter de um documento — começava contando a sua dificuldade em obter permissão para conseguir um lugar obscuro dentro do estúdio de gravação, apesar de toda a sua carreira de velho empregado de interesses americanos e seu interesse direto no LP, pois figurava como parceiro de Tom Jobim em duas das músicas escolhidas, "Dindi" e "Inútil paisagem":

> "Vou relatar o que senti durante aqueles minutos na presença do maior nome do *show business* do mundo. Em princípio a gente fica um pouco alterado emocionalmente com sua presença. Finge-se um pouco que se está à vontade, mas não é nada disso. Aos poucos a gente vai se habituando e sentindo que tudo ali e

todos ali estão sob um domínio absoluto da personalidade tremenda desse homem que demonstra a todo instante uma completa segurança do que ele é e do que ele quer. Ele sente as passagens orquestradas que não agradam e dá sugestões ao maestro de como devem ser feitas. E o interessante é que ele está sempre com a razão."

E mais adiante: "Tom estava visivelmente nervoso. Não era para menos. Tocou violão e cantou com Sinatra".[129]

Quando esse disco, intitulado *Francis Albert Sinatra & Antonio Carlos Jobim* (Reprise, 1967) chegou ao Brasil, esse espírito de sujeição agradecida ao trabalho do cantor representante da matriz cultural da música de Antonio Carlos Jobim tornou-se generalizado na alta classe média das principais cidades brasileiras. Pessoas que receberam os primeiros exemplares chegaram a realizar audições para grupos de amigos e o disco era colocado na vitrola em um clima de quase religiosidade.

Sob o título "Assunto", o colunista Eli Halfoun registrou esse acontecimento na sua seção "Rio-Noite", do jornal *Última Hora*, do Rio de Janeiro, em 30 de março de 1967, escrevendo sem intenção de crítica:

"Tom Jobim e Frank Sinatra são o assunto do momento em todas as rodas musicais. As poucas pessoas que já possuem o disco estão fazendo até reuniões para amigos ouvirem. Sinatra gravou dez músicas, três das quais o Tom fez por lá. São as seguintes as músicas incluídas no LP: 'Garota de Ipanema', 'Dindi', 'Corcovado', 'Meditação', 'Insensatez', 'O amor em paz', e 'Change Partners', 'If You Never Come To

---

[129] Reportagem "Tom & Sinatra: disco que faltava", *Diário de Notícias*, Rio de Janeiro, 12/3/1967, caderno DN Show, pp. 1, 2 e 4.

Me', 'I Concentrate on You' e 'Baubles, Bangles and Beads'."[130]

Como repertório de música popular brasileira não se podia pedir melhor.

De volta ainda uma vez, no início de dezembro de 1967, Antonio Carlos Jobim tornava a declarar-se "disposto a ficar no Rio por tempo indeterminado, organizando seu samburá para pescaria na Barra e avisando que nem telegrama ou telefonema de Frank Sinatra o fará deixar sua nova casa e pegar avião", segundo escrevia o repórter do jornal *Diário de Notícias* do Rio de Janeiro, do dia 5 daquele mês e ano, sob o título cômico de "Tom quer pescar e não volta nem por Sinatra".

Uma das razões do anunciado propósito de não voltar aos Estados Unidos era que, malgrado toda a subserviência, nem assim o relacionamento direto do artista do país subdesenvolvido com o artista representante do país sede lhe dera sequer uma compensação monetária. Pelo contrário: a acreditar no que o jornal *O Globo* do dia 6 de dezembro de 1967 escrevia, dera até prejuízo pessoal para o inocente Antonio Carlos Jobim:

> "A participação num programa de televisão, ao lado de Frank Sinatra, transmitido em cores de costa a costa para 80 milhões de americanos, acabou dando prejuízo a Tom Jobim: seus 10 mil dólares de cachê foram insuficientes para pagar 30% ao imposto de renda, 20% ao empresário, 10% ao advogado que fez o contrato e 5% para o sindicato, além de 2 mil dólares em passagens e despesas pessoais."[131]

---

[130] Eli Halfoun, "Assunto", *Última Hora*, Rio de Janeiro, 30/3/1967, seção "Rio-Noite", p. 3.

[131] "Tom tem prejuízo em programa com Sinatra", *O Globo*, Rio de Janeiro, 6/12/1967, p. 9.

Pois, apesar de tudo isso, menos de um ano depois e após merecer novas glórias e conquistas no Brasil — como a inauguração de um retrato seu na segunda sala da Escola de Música Popular Brasileira do Museu da Imagem e do Som da Guanabara, e o primeiro lugar para sua canção "Sabiá", em parceria com Chico Buarque de Holanda, no III Festival Internacional da Canção, no Rio de Janeiro —, Antonio Carlos Jobim voltaria aos Estados Unidos para um segundo ato de subserviência diante do todo-poderoso cantor Frank Sinatra. Convidado para tomar parte em um segundo *long-playing*, Tom Jobim colocou-se à disposição do cantor norte-americano hospedando-se em sua casa de Palm Springs, onde precisou ficar quietamente esperando que Frank Sinatra curasse a gripe epidêmica Hong Kong que o acometera. E mais — Sinatra convencera-o não apenas a compor a trilha sonora de seu próximo filme, como chegou a obter sua promessa de colaboração também como ator, para desempenhar ao lado de Frank Sinatra ator o mesmo papel secundário que já desempenhara uma vez ao lado de Frank Sinatra cantor.

No Brasil, no entanto, a notícia desses acontecimentos continuava a chegar nos primeiros meses de 1969 como se fossem ecos retumbantes do sucesso da música popular brasileira, embora o empresário norte-americano Norman Granz, especialista em organizar concertos de *jazz* de todo o mundo, chegasse ao Rio de Janeiro declarando na segunda semana de fevereiro desse mesmo ano que, "em sua opinião, as músicas de Jobim não seguem o estilo do samba carioca. São mais suaves e atendem ao gosto de todos os públicos", o que denunciava a percepção do fenômeno de internacionalização do estilo da bossa nova, que o mesmo Norman Granz estendia a Sérgio Mendes, ao concluir:

"Sérgio foi a primeira vez aos Estados Unidos e nada conseguiu. Foi suficientemente esperto para verificar que só se firmaria se procurasse enquadrar-se no ritmo americano. Fez adaptações na bossa nova e hoje é sucesso. Atitudes como esta não contribuem para tornar conhecida a música brasileira. O samba, por ser agressivo, não pode ser adaptado a outros ritmos, e aí reside a dificuldade. Seria necessário um trabalho de divulgação até que fosse entendido por novos públicos."

Seria preciso, em verdade, que o Brasil fosse economicamente tão forte quanto os Estados Unidos, pois esse "trabalho de divulgação" significaria a imposição de padrões musicais brasileiros 24 horas ao dia no país a conquistar culturalmente, através de todos os meios de comunicação.

E é isso, exatamente, o que tanta gente custa a compreender, entregue ao sonho ufanista da famosa conquista do mercado internacional para a música popular brasileira, através de dois séculos de ridículos, equívocos e sujeições consentidas.[132]

---

[132] As notas do presente capítulo já estavam compostas quando o *Jornal do Brasil* do Rio de Janeiro dedicou o Caderno B da edição de 12 de abril de 1969 à comemoração do 10º aniversário da bossa nova, com dois artigos de página inteira: "Bossa nova: um artigo de exportação", sem assinatura, e "Bossa nova 10 anos depois", assinado por Júlio Hungria. No primeiro, em que se lê que "os Estados Unidos continuam sendo o sonho dourado dos nossos músicos", o repórter escreveu a certa altura, textualmente: "De Tom, um americano já disse: 'Ele é a coisa mais séria que aconteceu à música americana desde George Gershwin'".

O autor do presente livro sente-se jubiloso de ter podido acrescentar esta citação, quando os originais já se encontravam em via de impressão, pois a opinião desse americano (infelizmente não identificado) é também a sua opinião.

15.
A BUSCA PESSOAL DE "VENCER NO EXTERIOR" NAS DÉCADAS DE 1960 E 1970

> A busca pessoal de "vencer no exterior" nas décadas de 1960 e 1970 — O pequeno Nelson Ned no grande Carnegie Hall — O desconhecido Morris Albert e o sucesso do seu "Feelings" em inglês — A saga de Eumir Deodato: de tocador de sanfona a *2001: uma odisseia no espaço* — Francis Hime e seus 15 anos de estudos internacionais para ser *Francis Hime* em LP no Brasil — O gaúcho Caco Velho vai aos EUA, mas só conhece sucesso em Portugal — O músico-compositor Djalma Ferreira deixa o Brasil para morrer fazendo música americana — O pianista-organista Walter Wanderley: o que foi para os EUA em 1963 morrer de saudades em 1986 — A internacional cangaceira de cinema Vanja Orico — A trajetória do Ceará para o mundo dos Índios Tabajaras.

O abatimento das ilusões de conquista do exterior pela música popular brasileira ante o resultado da aventura no Festival de Bossa Nova no Carnegie Hall de Nova York em 1962 e a posterior realidade comercial da feira de música do MIDEM em Cannes, na França, em 1969 — afinal, tal como o nome indicava, apenas um Mercado Internacional de Discos e Editores Musicais — não foram capazes de impedir a continuação dos sonhos de glória brasileiros pelas décadas seguintes.

Agora quase sempre em investidas individuais, as tentativas de "vencer no exterior" continuariam em casos como os de Nelson Ned (Nelson Ned d'Ávila, Ubá-MG, 1947-2014), que, após participar com sua voz poderosa do II Festival Buenos Aires de la Canción em 1968 interpretando "Tudo passará", apresentou-se pelas Américas, Europa e África, até chegar em 1974 a uma exibição no decantado Carnegie Hall de Nova York.

Ainda nos anos 1970, seria o caso surpreendente do quase desconhecido Maurício Alberto Kaisermann, nascido em 1951, e que, sob o nome artístico Morris Albert, surgiria cantando em inglês a canção "Feelings", em 1974, que venderia nada menos de 10 milhões de discos nas vozes de Frank Sinatra, Johnny Mathis e Dionne Warwick, e no som das orquestras de Paul Mauriat, Franck Pourcel, Ray Conniff e Percy Faith. Sucesso que não se repetiria, porém, com seu novo *single*, cujo título em inglês já parecia indicar: *Leave Me*.

Mais afortunado seria o antigo tocador de sanfona e depois sofisticado pianista e arranjador Eumir Deodato (Eumir Deodato de Almeida, Rio de Janeiro, 1943) que, levado em 1957 para os Estados Unidos pelo violonista Luís Bonfá como arranjador de Frank Sinatra, Tony Bennett e Roberta Flack, entre outros, ia consagrar-se com a abertura orquestral do filme *2001: uma odisseia no espaço*, de 1968, que aproveitava o poema sinfônico de Richard Strauss *Assim falava Zaratustra*, novamente usado por Deodato em versão jazzística no LP *Prelude*, de 1973.

Já não tão bem-sucedido seria, por esse mesmo despontar dos anos 1970, o bem-nascido jovem carioca Francis Hime (Francis Victor Walter Hime, Rio de Janeiro, 1939), que, após estudos no Conservatório Brasileiro de Música, foi em 1955 aperfeiçoar-se em Lausanne, na Suíça, com quatro anos de estudos de música clássica romântica. De volta ao Brasil em 1959 para retomar os estudos de piano até 1963, quando passa à música popular com o lançamento da canção "Sem mais adeus", gravada por Wanda Sá no mesmo ano, e logo a seguir por Elizeth Cardoso, Doris Monteiro e pelo Zimbo Trio. Parceiro de Vinicius de Moraes desde 1966, parte casado com Olívia Hime em 1969 para os Estados Unidos, onde retoma seus estudos de orquestração e regência. Tudo para acabar em 1973 em sua volta ao Brasil resumido a si mesmo em seu primeiro LP economicamente denominado *Francis Hime*.

Entre os artistas da área da música popular que deixaram o Brasil não propriamente movidos pela megalomania inocente da "conquista do exterior", mas tocados apenas pelas circunstâncias, estaria entre os mais antigos o veterano *crooner*, baixista, baterista e pianista gaúcho Mateus Nunes (Porto Alegre, 1920-São Paulo, 1971), o Caco Velho. Iniciando-se desde logo com vocação andarilha na década de 1930 com apresentações eventuais no Uruguai e na Argentina, Caco Velho passaria ao Rio de Janeiro e a São Paulo no ano de 1946 como cantor no rádio e, a partir da década de 1950, também em filmes, como *Carnaval Atlântida*, de José Carlos Burle e Carlos Manga (1952), *Carnaval em lá maior*, de Adhemar Gonzaga (1955), e até numa produção do internacional Alberto Cavalcanti, *Mulher de verdade*, de 1954. Contratado pela orquestra do francês Georges Henry em 1955, Caco Velho apresenta-se em Paris no cabaré Macumba até 1957 e, de volta a São Paulo para breve experiência como artista-empresário (Durval Bar e Brazilian's Bar), parte em 1966 para os Estados Unidos. Após dois anos de apresentações em São Francisco à frente do conjunto Brazilian's Bar em boates e universidades americanas, passa a Lisboa em 1968, onde durante dois anos se apresenta em casas noturnas e na televisão. E é de Lisboa que voltaria em 1970 ao Brasil consagrado internacionalmente como músico-compositor, ante o sucesso de sua canção "Mãe preta", de 1954, que havia sido gravada por Amália Rodrigues em 1955 sob o título "Barco negro", com versos do poeta português David Mourão-Ferreira.

Os dois outros brasileiros levados ao exterior apenas pela necessidade de sobrevivência artística foram os titulares de conjuntos musicais Djalma Ferreira e Walter Wanderley: o primeiro tocado pelo clima criado no meio artístico pelo fechamento dos cassinos no Brasil em 1946, o segundo ante a precariedade da vida noturna local como fonte de recursos para a subsistência segura dos artistas.

Djalma Ferreira (Djalma Nunes Ferreira, Rio de Janeiro, 1913-Las Vegas, EUA, 2004), levado aos 12 anos para a Itália, onde começou a estudar piano, e de onde voltou com 18 anos, em 1932, já interessado apenas em música popular (estrearia como compositor apenas quatro anos depois, com o samba-canção "Longe dos olhos", gravado em 1936 por Francisco Alves e Sílvio Caldas), iniciou a carreira de músico como pianista do Cassino da Urca em 1940, transformando-se em músico profissional de casas de jogos do Rio de Janeiro (até 1945 na boate do Hotel Quitandinha, de Petrópolis). Com o fechamento dos cassinos brasileiros em 1946 (determinação do general presidente Eurico Gaspar Dutra, obedecendo a instâncias de sua mulher, D. Santinha, fervorosa católica), Djalma Ferreira viu-se forçado a excursionar com seu conjunto Milionários do Ritmo pela América do Sul durante quatro anos (quando abriu uma boate Embassy na capital do Peru), só voltando ao Brasil em 1951 para inaugurar no Rio de Janeiro a boate Drink, a cuja frente se manteria até 1960. De mudança para São Paulo, onde nesse mesmo ano criaria nova boate com o seu nome, o pianista-empresário (que continuava a gravar suas composições, inclusive sob selo próprio, o Djalma Discos), Djalma Ferreira manteve-se em atividade até 1963, quando finalmente se rendeu à precariedade da condição de músico no Brasil, vendeu sua boate paulistana e partiu para os Estados Unidos.

Estabelecendo-se em Las Vegas, Djalma Ferreira passou a apresentar-se sem escolha em qualquer cassino, hotel ou casa noturna que o acolhesse, enquanto compunha melodias para o parceiro local Leonard Feather, encarregado de transformar suas criações brasileiras em música americana, uma delas, aliás, sob o título de "I'm Happy Now", certamente muito a propósito para o velho Djalma Ferreira, que lá morreu em 2004, aos 91 anos, mansamente distante do Brasil.

O caso de Walter Wanderley (Walter Wanderley Mendonça, Recife, 1932-São Francisco, EUA, 1986) ia revelar-se uma quase repetição do que acontecera com seu contemporâneo Djalma Ferreira. Iniciado no Recife desde a década de 1940 como pianista e organista, o jovem Walter Wanderley parte em fins da década de 1950 para a conquista do Sul, conseguindo desde logo em São Paulo um lugar no conjunto de músicos do bar do elegante Hotel Claridge. Daí levado para a boate Oásis pela cantora Isaurinha Garcia (com quem se casaria), passa a pianista e organista sucessivamente nas boates Michel e Réverie, até formar em 1960 seu próprio grupo, Walter Wanderley e seu Conjunto (com ele ao órgão elétrico), no Captain's Bar do Hotel Comodoro, ainda em São Paulo.

Passando a gravar discos com seu grupo na Odeon até 1964, e a partir daí na Philips, segue apresentando-se com seu conjunto agora no João Sebastião Bar. Então, com o advento dos anos sombrios e difíceis do golpe militar de 1964, Walter Wanderley decide em 1966 tentar a sorte nos Estados Unidos, indo fixar-se em São Francisco, na costa oeste. No mesmo ano aparece gravando na etiqueta Verve algumas músicas em que ainda lembrava o Brasil, como as dos LPs *Chegança*, de 1966, e *Batucada*, de 1967. Isso para logo, tal como aconteceu com Djalma Ferreira, passar a emprestar seu nome de músico brasileiro a discos da gravadora americana A&M Records, de títulos agora sempre em inglês, a exemplo de *When I Was Done*, de 1968, e *Moondreams*, de 1969.

Conforme depoimento de sua mulher, a cantora Isaurinha Garcia (1923-1993), ao autor deste livro, Walter Wanderley costumava fazer intermináveis ligações internacionais para ela, em São Paulo, em plena madrugada, não para falar de seus sucessos, mas para queixar-se sempre de saudades.

Já para a cantora, atriz e cineasta eventual Vanja Orico (Evangelina Orico, Rio de Janeiro, 1931-2015), a atuação no exterior ia dever-se pela primeira vez a uma circunstância puramente casual. Indo à Itália aos 19 anos para estudar música, sua participação em um *show* da RAI (Rádio Televisão Italiana) intitulado *Macumba* (produzido para explorar o exotismo de povos "estranhos"), chamou a atenção em Roma dos cineastas Federico Fellini e Alberto Lattuada, que precisavam de uma cantora moreninha para o filme *Luci del varietà* (*Mulheres e luzes*). Foi o ponto de partida de Vanja Orico como atriz de cinema na Itália, no papel de uma jovem cigana que cantava a canção folclórica brasileira "Meu limão, meu limoeiro". Acaso que lhe rendeu a oportunidade de figurar dois anos depois, em 1955, no papel de uma índia carajá em outra produção italiana, o filme *Yalis, la vergine del roncador*, rodado parte em Roma e parte no Brasil, no rio Araguaia, onde contracenaria com o conterrâneo Grande Otelo.

No ano seguinte, 1956, Vanja Orico ia aparecer agora no cinema alemão, estrelando o filme *Conchita und der Ingenieur* no papel de uma mestiça sul-americana ciumenta que punha fogo em um poço de petróleo para vingar-se do namorado, um engenheiro alemão.

O verdadeiro lançamento de Vanja Orico no exterior como intérprete de canções folclóricas brasileiras, porém, acontecera em 1953 com a repercussão no Festival de Cinema de Cannes, na França, do filme *O cangaceiro*, do brasileiro Lima Barreto. Com o sucesso internacional da toada "Mulher rendeira" que cantava em cena do filme, Vanja Orico viu abrir-se a oportunidade de participar no Brasil do chamado Ciclo do Cangaço, em que voltaria a explorar o filão das canções folclóricas em filmes como *Lampião, rei do cangaço*, em 1964, e *Jesuíno Brilhante, o cangaceiro*, em 1972.

Transformada em musa de cancioneiro do cangaço, graças a sua preocupação de interpretar canções folclóricas ligadas ao tema, Vanja Orico — que passava a posar para fotos de imprensa de lenço no pescoço e chapéu de couro — voltaria no entanto ao quase anonimato no Brasil (onde só apareceria num pequeno papel em *Independência ou morte*, em 1972, e na direção de seu próprio filme *O segredo da rosa*, em 1973), não fora um imprevisto político que a devolveu ao noticiário. No final de 1968, quando a população do Rio de Janeiro levantou-se em protestos de rua contra a morte do estudante Edson Luís, assassinado pela repressão político-policial, Vanja Orico seria fotografada de joelhos no asfalto diante de carros militares, gritando de braços abertos e mãos espalmadas: "Não atirem! Somos todos brasileiros!". Isso, naturalmente, para ser imediatamente presa e espancada pelo patrióticos agentes da repressão, ante os olhos dos valorosos soldados do Exército Nacional.

O mais extraordinário exemplo de atuação de músicos brasileiros no exterior não incluídos na mítica tentativa de conquista do mercado internacional foi, entre 1944 e inícios da década de 1970, o da dupla de irmãos indígenas do Ceará Os Índios Tabajaras. Formada por Antenor Moreira Lima, o Mussaperê, e Natalício (Nato) Moreira Lima, o Herundi (1918-2009) — nomes indígenas com significado de terceiro e quarto, a indicar a ordem de nascimento dos irmãos (que chegariam ao total de 34 na década de 1940) —, a dupla de cantores instrumentistas começou por apresentar-se em feiras do Nordeste tocando viola e violão. Ouvidos pelo governador da Bahia em inícios de 1937, ganham então uma passagem para o Rio de Janeiro pelo navio da linha costeira *Almirante Jaceguai*, indo hospedar-se na qualidade de retirantes no albergue público carioca Fundação Leão XIII.

Passando a apresentar-se ao público como dupla de índios em trajes civis, os irmãos Tabajaras são levados como curiosidade para o improvisado teatro popular Casa de Caboclo, situado na área teatral e de vida noturna da Praça Tiradentes, no centro do Rio de Janeiro.

Favorecidos pela estranheza da sua condição de indígenas brasileiros intérpretes de música popular, os irmãos Tabajaras passam então também ao rádio, levados para a carioca Rádio Cruzeiro do Sul, o que lhes permitiria chegar aos *shows* de cassinos, primeiro da Urca, no Rio de Janeiro, e depois o da Pampulha, na capital de Minas Gerais. Era o primeiro passo para a transformação da dupla de índios da Serra do Tinguá, na divisa do Ceará com o Piauí, em artistas internacionais, a partir de uma primeira excursão a Argentina em 1944, que se estenderia até 1949 passando por Chile, Peru, Equador, Colômbia, Venezuela, México e Cuba.

Após essa longa excursão, e separados pela primeira vez — Mussaperê vai estudar música erudita no Chile, Herundi dedica-se ao estudo de canto na Argentina —, os Índios Tabajaras voltam ainda uma vez a reunir-se no Brasil, em 1951, para uma nova excursão, desta vez à Europa, e com um repertório inesperado. Haviam-se preparado para apresentar peças do polaco-francês Chopin, do finlandês Sibelius, do russo Tchaikovsky, do espanhol Manuel de Falla e — para espanto geral — do brasileiro Heitor Villa-Lobos.

A novidade dos Índios Tabajaras estava, assim, não na conhecida e ingênua tentativa da "conquista do exterior para a música brasileira", mas na corajosa afirmação da qualidade artística de uma dupla de instrumentistas declaradamente voltados para a exploração de sons internacionais. Tal como, em sua volta ao Brasil, iam demonstrar entre 1953 e 1957 com a gravação em discos da Continental, no Rio de Janeiro, de músicas de sabor folclórico do Paraguai, como "Tambor índio", "Acara cary" e "Pássaro campana". E tudo para culminar em 1958 com a gravação, na RCA Victor norte-americana, do LP *Sweet and Savage* (com o nome de Los Indios Tabajaras), que incluiria entre uma mistura de ritmos latino-americanos e brasileiros o bolero de um discreto autor, Lorenzo Barcelata, que, sob o título "Maria Elena", estava destinado a ressurgir depois para a fama, inclusive em versão brasileira.

Nos Estados Unidos, o inesperado estouro tardio do bolero "Maria Elena" nas rádios, no ano de 1963, chamou os Índios Tabajaras de volta — a esta altura já afastados da vida artística no Brasil, cultivando juntamente com os irmãos um sítio em Araruama, no interior fluminense —, o que lhes permitiu gravar em pouco mais de um mês dois LPs em Nova York, e iniciar novo ciclo de apresentações pelo país. Ponto de partida, aliás, para não programadas excursões a Europa e ao Japão.

A partir da década de 1970 os Índios Tabajaras desapareceriam do noticiário, restando, após a morte de Mussaperê, ao irmão sobrevivente Herundi o mesmo fim silencioso, em Nova York, no domingo 15 de novembro de 2009, aos 91 anos de tão aventurosa vida.

16.
A MORTE DOS GÊNEROS NACIONAIS-REGIONAIS NA ERA DIGITAL E A ASSIMILAÇÃO DOS SONS DOS NEGROS PELO MERCADO

> A morte dos gêneros nacionais-regionais na era dos sons e imagens digitais: como a tecnologia na área da música popular leva à sua internacionalização — O papel dos negros americanos na expansão da música de massa: dos *spirituals*, do *gospel* e das *work songs* à sonoridade chamada de *jazz* e sua comercialização em ritmos dançantes — A transformação do *jazz* negro nas formas branco-adocicadas do *cool jazz* e da bossa nova — Do domínio do *rock'n'roll* norte-americano às tentativas brasileiras de levar a "sua" música ao exterior.

Com o progressivo desaparecimento a partir dos anos 2000 — por morte física ou queda no esquecimento — dos últimos artistas visionários da possibilidade de conquistas com música brasileira no exterior, tornou-se inegável uma realidade que muitos ainda relutam em reconhecer: com a produção de música para as massas, não é a possível qualidade estética que conta, mas a capacidade da sua colocação no mercado enquanto produto comercial.

Essa realidade a envolver relações de arte e produção industrial-comercial na era da moderna tecnologia começou a evidenciar-se na virada do século XIX para o século XX, quando a possibilidade de produção e reprodução de sons em cilindros e discos de gramofone, e de imagens em movimento através do cinema, permitiu o acoplamento dos dois recursos nos filmes sonoros, primeiro passo para o avanço eletroeletrônico da televisão, logo continuado no século XXI pela evolução digital de sons e imagens em escala planetária.

Do ponto de vista cultural, a primeira e mais evidente consequência observável dessa nova realidade foi a rápida internacionalização dos gêneros de música popular particular dos países criadores das novidades que lhes permitirão o privilégio na divulgação de tudo o que vinha com o carimbo de novo e de atual.

Assim, como o tipo de música que maior curiosidade começava a despertar nos grandes centros pelo início dos 1900 apontava para a música de raízes negras, foi aí que os criadores de sons urbanos foram buscar inspiração para as suas primeiras criações.

Até o fim do século XIX a música produzida pelos negros do país pioneiro na sua reprodução industrial ficara praticamente reduzida no meio urbano aos hinos e foros das igrejas protestantes — de onde sairiam os *spirituals* e o *gospel* —, e no meio rural aos cantos de trabalho ou *work songs* (que no Brasil seriam os vissungos estudados em Minas Gerais por Aires da Mata Machado). Tudo destinado a evoluir, pelo tom reverencial dos primeiros e a impressão de dor dos segundos, na futura melancolia dos *blues*, de cuja evolução no sentido de maior vivacidade acabaria saindo o *rhythm'n'blues*. E daí ainda, pela aceleração de seu clima rítmico-melódico, o *rock'n'roll* dos anos 1950.

A evolução desse processo de transformação das criações populares de músicas das áreas religiosas e folclóricas para a cidade — onde se transformariam em produto industrial-comercial por ação de fabricantes de música de massa — pode hoje ser acompanhada através do simples levantamento cronológico da multiplicidade de novos ritmos incansavelmente lançados no mercado do disco.

A partir do século XIX, quando os primeiros gêneros de música popular surgiram nos Estados Unidos e na Europa, tornou-se também possível ouvi-los gravados em cilindros e discos, através da reprodução de seus sons por aparelhos acionados a manivela (fonógrafos, grafonolas, gramofones), e ouvir música passou em pouco tempo a constituir no Brasil uma rotina da vida comum. Pois foi para realimentar sempre com novidades essa moderna necessidade cultural do homem urbano que a indústria internacional do disco se mobilizou.

Apenas no período entre inícios do século XX e os anos imediatamente posteriores à Primeira Guerra Mundial, ouviram-se no Brasil, geralmente em gravações por bandas militares, o *ragtime*, o *black-bottom*, o *one-step*, o *two-step* e o *cake-walk*. Este um tipo de dança que, no Brasil, lembraria os antigos sambas de roda, mas que entre os negros norte-americanos de inícios do século XX, recém-urbanizados, ganhava o tom de um desafio coreográfico, em que pares de dançantes exibiam seu gingado para, ao final, o mais destacado ganhar como prêmio um bolo confeitado (o que explicava desde logo o nome da dança, *cake-walk*).

Por esse mesmo raiar dos anos 1920 começavam a aparecer os primeiros discos estrangeiros de gravadoras internacionais estabelecidas no Brasil — americanas como a Victor Talking Machine e a Columbia, e alemãs como a Odeon (explorada pelo comerciante tcheco-americano Frederico Figner) e a Favorite Record — que divulgaram, entre outros, o estilo *dixieland*. Gênero que, afinal, constituía uma versão dançante do *jazz*, e cujo nome se explicava pelo fato de, durante a Guerra da Secessão, na segunda metade do século XIX, os franceses terem transformado em "dix" o nome "ten" da nota de 10 dólares, fazendo da Dixieland a terra dos 10 dólares.

A partir do século XX, o crescimento da urbanização dos negros americanos oriundos da zona rural, após o fim da escravidão — ao transformar Nova Orleans, na ampla curva do rio Mississippi, no principal centro de vida social da grande zona de economia agrícola do país —, estava destinado a provocar uma revolução no panorama da música popular. Recrutados para a prestação de serviços na área das atividades de lazer, os negros (ainda presos musicalmente a um tipo de instrumental rudimentar como o *washboard*, a tábua com sulcos feita para soar por fricção como um reco-reco), aproveitaram sua experiência como ex-soldados de bandas militares para a formação inicial de grupos musicais de sopro e percussão cívico-festivos, genericamente conhecidos como *marching bands*.

Levados assim a transformarem-se em orquestras populares de locais de diversão pública — cabarés, salões de dança e casas de prostituição —, os músicos negros do Sul entraram a produzir, graças à liberdade criativa que agora lhes era proporcionada, sonoridades regionais destinadas a se transformarem nos primeiros gêneros nacionais de música de massa do século XX: o *black--bottom*, o *charleston* e o *fox-trot*.

Nesses gêneros, predominantemente dançantes, já andava, é claro, a característica rítmica de um certo gingado negro herdado do estilo *jazz* que, sob o nome de *swing*, iria pelas décadas seguintes revelar-se no *boogie-woogie*, no *jitterburg* e no *bebop*, anunciadores do *rock'n'roll* do despontar dos anos 1950.

Com o surgimento do *rock* coincidindo com o advento da entrada da produção da música de massa na era da tecnologia eletroeletrônica — guitarras elétricas, caixas acústicas, amplificadores, ressonadores e sintetizadores —, a possibilidade de criação de gêneros musicais populares de caráter regional, ainda presa ao sistema de relação direta emissor-receptor, teve o seu campo de divulgação drasticamente reduzido.

Essa redução da capacidade dos gêneros de música popular locais se fazerem ouvir, em face do açambarcamento do mercado pela música importada em pacotes de tecnologia sonora, se acentuaria ainda mais com o advento, ao final do século XX, da novidade do sistema digital, que permitia através da codificação dos sons em números a sua reprodução tal qual, por analogia. Primeiro passo para a fabricação de sons computadorizados capazes de dispensar no futuro a participação pessoal de compositores e intérpretes na criação do produto música popular.

Um sintoma desse processo de esvaziamento das criações de novos gêneros destinados ao mercado da música popular da gente urbana é a permanência por quase 70 anos de um mesmo tipo de ritmo e canção: o *rock* transformado desde meados do século XX no som universal da era do capitalismo tecnoindustrial avançado.

Permanência indicadora, no campo cultural, do poder econômico do país capaz de transformar sua música local em música nacional de outro país. Tal como viria a acontecer no Brasil na virada das décadas de 1950 e 1960 com a transformação do *cool jazz* americano em bossa nova brasileira. E continuaria a acontecer de forma ainda mais risível na primeira década do século XXI, quando grupos de músicos brasileiros não hesitaram em viajar para os Estados Unidos pagando passagens e estadas dos seus bolsos para mostrar aos americanos, *in loco*, como eram capazes de reproduzir o seu *rock* no Brasil.

Segundo publicaria o jornal *Folha de S. Paulo* em sua edição de 15 de junho de 2011, sob o título "Brasileiros pagam para tocar no exterior: cachês recebidos pelas bandas não cobrem nem o investimento feito com as passagens", os "independentes" Holger, Some Community, Macaco Bong e Black Drawing Chalks puderam concluir que "a tentativa de conquistar um público estrangeiro tem um preço".

E isso apesar de um propósito de fidelidade ao original estrangeiro que o próprio título de outra reportagem publicada em 6 de dezembro de 1988 no jornal *O Estado de S. Paulo* antecipava — "Bandas brasileiras querem cantar em inglês":

> "O rock underground brasileiro decidiu: quer aproximar ainda mais suas feições da matriz, o rock britânico e/ou norte-americano. Algumas bandas independentes investem não apenas no modelo sonoro de fora, mas também num *approach* poético. [...] possuem estilos composicionais díspares, mas todos guardam em comum o fato de cantar em inglês.

REFERÊNCIAS BIBLIOGRÁFICAS

LIVROS

ALMIRANTE (Henrique Foréis Domingues). *No tempo de Noel Rosa*. Rio de Janeiro: Livraria Francisco Alves, 1963.

ARAÚJO, Mozart de. *A modinha e o lundu no século XVIII: uma pesquisa histórica e bibliográfica*. São Paulo: Ricordi Brasileira, 1963.

BARBOSA, Domingos Caldas. *Viola de Lereno*. 2 vols. Coleção Biblioteca Popular Brasileira, nºs 14 e 15. Rio de Janeiro: Instituto Nacional do Livro, 1944.

BARBOSA, Orestes. *Samba: sua história, seus poetas, seus músicos e seus cantores*. Rio de Janeiro: Livraria Educadora, 1933.

BOCAGE, Manuel Maria de Barbosa du. *Poesias eróticas, burlescas e satíricas*. Paris, s/e, 1911.

BRAGA, Teófilo. *Filinto Elísio e os dissidentes da Arcádia*. Porto: Livraria Chardron, 1901.

CASTRO, Ruy. *Carmen: uma biografia. A vida de Carmen Miranda, a brasileira mais famosa do século XX*. São Paulo: Companhia das Letras, 2005.

DI CICCO, Cláudio. *Hollywood na cultura brasileira*. São Paulo: Convívio, 1979.

FLOR DA NOITE. *Perfil de Cauby Peixoto: sua vida, sua arte, seus amores*. Rio de Janeiro: Vecchi, 1959.

FERRO, Antonio. *A idade do jazz-band*. Lisboa: Portugália Livraria Editora, 2ª ed., s/d.

MARIZ, Vasco. *A canção brasileira*. Rio de Janeiro: Ministério da Educação e Cultura, 1959.

MEDAGLIA, Júlio. "Balanço da bossa nova". In: CAMPOS, Augusto de (org.). *Balanço da bossa: antologia crítica da moderna música popular brasileira*. São Paulo: Perspectiva, 1968.

MENDONÇA, Ana Rita. *Carmen Miranda foi a Washington*. Rio de Janeiro: Record, 1999.

NASSER, David. *A vida trepidante de Carmen Miranda*. Rio de Janeiro: Edições O Cruzeiro, 1956.

NETO, Ramalho. *Historinha do desafinado (bossa nova)*. Rio de Janeiro: Vecchi, 1965.

O BRASIL NA FEIRA MUNDIAL DE NOVA YORK, Relatório Geral assinado pelo Comissário-Geral do Brasil Armando Vidal. Rio de Janeiro: Imprensa Nacional, 1942.

PENNAFORT, Onestaldo de. *Um rei da valsa*. Rio de Janeiro: Livraria São José, 1958.

QUEIROZ JÚNIOR. *Carmen Miranda: vida, glória, amor e morte*. Rio de Janeiro: Companhia Brasileira de Artes Gráficas, 1950.

RANGEL, Lúcio. *Sambistas e chorões*. Rio de Janeiro: Livraria Francisco Alves, 1962.

ROMERO, Sílvio. *História da literatura brasileira*. Rio de Janeiro: Garnier, 1902.

SILVA, Lafaiete. *História do teatro brasileiro*. Rio de Janeiro: Serviço Gráfico do Ministério da Educação e Saúde, 1932.

SOUSA, J. Galante de. *O teatro no Brasil*. Rio de Janeiro: Instituto Nacional do Livro, 1960.

TOTA, Antonio Pedro. *O imperialismo sedutor: a americanização do Brasil na época da Segunda Guerra*. São Paulo: Companhia das Letras, 2000.

VASCONCELOS, Ary. *Panorama da música popular brasileira*. São Paulo: Livraria Martins Editora, 1964.

JORNAIS E REVISTAS

"A bossa é nossa, mas leva quem paga mais", seção "Música", revista *Veja*, 25 de dezembro de 1968.

"A bossa é nossa", reportagem de Marisa Alves de Lima, revista *O Cruzeiro*, 2 de setembro de 1967.

"A garota do Brasil", entrevista do repórter norte-americano Henry C. Pringle para a revista *Colliers*, reproduzida na íntegra na revista *O Cruzeiro*, 14 de outubro de 1939.

"A *Hora do Brasil* em Buenos Aires", correspondência de Armando Lousada, semanário *Cine-Rádio-Jornal*, 10 de maio de 1940.

"A I Semana da Música Popular Brasileira", artigo de Nestor de Holanda, quinzenário *Para Todos*, nºs 15-16, de dezembro de 1956-janeiro de 1957.

"A música brasileira em Portugal", revista *Carioca*, nº 22, 21 de agosto de 1936.

"A música brasileira na Europa", correspondência de Dinah Silveira de Queiroz enviada de Roma para o jornal *A Noite*, do Rio de Janeiro, em 1952, transcrita no *Boletim da SBACEM*, nº 12, julho-outubro de 1962.

"A música que vence", Caderno B, *Jornal do Brasil*, Rio de Janeiro, 16 de maio de 1966.

"Aloysio de Oliveira (I)", artigo de abertura da série "Panorama da bossa nova", Caderno B, *Jornal do Brasil*, 12 de maio de 1965.

"Artistas brasileiros na Argentina", revista *Carioca*, nº 22, 21 de agosto de 1936.

"Artistas brasileiros no cenário americano", revista *Carioca*, nº 26, 1936.

"Assunto", matéria de Eli Halfoun na seção "Rio-Noite", *Última Hora*, Rio de Janeiro, 30 de março de 1967.

"Bandas brasileiras querem cantar em inglês", reportagem de Humberto Finatti, Caderno B, *O Estado de S. Paulo*, 6 de dezembro de 1988.

"Bonfá do princípio ao fim", reportagem de Maria Luísa Laje, *Jornal do Brasil*, Rio de Janeiro, 13 de julho de 1967.

"Bossa nova 10 anos depois", artigo de Júlio Hungria, Caderno B, *Jornal do Brasil*, Rio de Janeiro, 12 de abril de 1969.

"Bossa nova desafinou nos EUA", matéria de José Ramos Tinhorão baseada em correspondência de Orlando Suero, revista *O Cruzeiro*, Rio de Janeiro, 8 de dezembro de 1962.

"Bossa nova é boa ajuda para o jazz", 1º caderno, *Jornal do Brasil*, Rio de Janeiro, 2 de dezembro de 1962.

"Bossa nova o que é? Como surgiu? Fracasso ou sucesso?", artigo de Ronaldo Bôscoli, revista *Fatos & Fotos*, dezembro de 1962.

"Bossa nova: um artigo de exportação", Caderno B, *Jornal do Brasil*, Rio de Janeiro, 12 de abril de 1969.

"Bossa nova vende milhões", reportagem de Álvares da Silva e Válter Fontoura, revista *O Cruzeiro*, 9 de fevereiro de 1963.

"Bossa Nova York", nota de Luiz Orlando Carneiro na seção "Jazz", Carderno B, *Jornal do Brasil*, 9 de janeiro de 1963.

"Bossa Rio no Bottle's", nota de Flávio Eduardo de Macedo Soares na seção "Jazz bossa nova", 3º caderno, *O Jornal*, Rio de Janeiro, 12 de abril de 1964.

"Brasileiro pagam para tocar no exterior: cachês recebidos pelas bandas não cobrem o investimento feito com passagens", *Folha de S. Paulo*, caderno Ilustrada, 15 de junho de 2011.

"'Cândido Botelho está fazendo sucesso em Nova York', diz Luís Jatobá", semanário *Cine-Rádio-Jornal*, 24 de outubro de 1940.

"Cândido Botelho seguiu para os EE. UU.", semanário *Cine-Rádio-Jornal*, 19 de junho de 1940.

"Cantores e compositores denunciam através de *O Semanário*: propaganda dirigida desvirtua a música popular brasileira", *O Semanário*, Rio de Janeiro, semana de 10 a 17 de junho de 1958.

"Carmen Miranda em Nova York", semanário *Cine-Rádio-Jornal*, 16 de março de 1939.

"Carmen Miranda esclarece: 'Eu e meu marido somos de novo felizes'. Um padre católico evitou o divórcio da estrela", reportagem do pioneiro locutor César Ladeira, *Revista da Semana*, Rio de Janeiro, 17 de novembro de 1951.

"Carmen Miranda quase entrou para um convento", semanário *Cine-Rádio-Jornal*, 4 de maio de 1939.

"Carmen Miranda quer ir a Hollywood", semanário *Cine-Rádio-Jornal*, 10 de novembro de 1938.

"Carnegie Hall não foi definitivo", reportagem de Júlio Hungria, *Correio da Manhã*, Rio de Janeiro, 11 de dezembro de 1962.

"Cinquenta anos ao compasso dos ritmos", de José Maria Santos, jornal *Shopping News*, São Paulo, 19 de novembro de 1987.

"Comentando...", crônica de Caribé da Rocha, *Correio da Noite*, Rio de Janeiro, 22 de abril de 1939.

"Comentando...", crônica de Caribé da Rocha, *Correio da Noite*, Rio de Janeiro, 13 de setembro de 1939.

"Comentando...", crônica de Caribé da Rocha, *Correio da Noite*, Rio de Janeiro, 28 de outubro de 1939.

"Comentando...", crônica de Caribé da Rocha, *Correio da Noite*, Rio de Janeiro, 5 de abril de 1940.

"Comentando...", crônica de Caribé da Rocha, *Correio da Noite*, Rio de Janeiro, 25 de abril de 1940.

"Discos", seção do *Jornal do Brasil*, 9 de junho de 1965.

"Discos populares", coluna do jornal *Diário de S. Paulo*, 11 de novembro de 1962.

"Duzentos contos de réis, além da vitória, foi o que rendeu a excursão de Cândido Botelho aos Estados Unidos", semanário *Cine-Rádio-Jornal*, 13 de fevereiro de 1941.

"Entrevista do cançonetista Geraldo após volta de temporada no Sul do país, que incluiu ida a Buenos Aires e, em seguida, Paris", revista *O Malho*, nº 344, 17 de abril de 1909.

"Eu vi Carmen Miranda na Broadway", reportagem de Vítor José Lima, semanário *Cine-Rádio-Jornal*, 20 de julho de 1939.

"Geraldo Magalhães, terna relíquia dos velhos cafés-cantantes", crônica de Jota Efegê (João Ferreira Gomes), *O Jornal*, 25 de outubro de 1964.

"Herberto Sales escreve: Vadico, parceiro de Noel", revista *A Cigarra*, de outubro de 1965.

"Índios brasileiros fazem sucesso nos Estados Unidos", notícia sobre a dupla de indígenas violonistas cearenses Mussaperê e Herundi e sua excursão pelos Estados Unidos e Japão durante a década de 1960, *O Globo*, 26 de março de 1968.

"Itália verá de perto a bossa nova", *Diário de Notícias*, Rio de Janeiro, 17 de novembro de 1962.

"Laura Suarez nos EUA", revista *Carioca*, nº 118, 22 de janeiro de 1938.

"Laurindo Almeida, um violão que emigrou", reportagem e entrevista, *Jornal do Brasil*, Rio de Janeiro, 4 de dezembro de 1967.

"Marília Batista em Montevidéu", revista *Carioca*, nº 121, de fevereiro de 1938.

"Marlene leva ao Chile a MPB", revista *Carioca*, nº 862, de julho de 1952.

"Miss Bartira canta em Lisboa", *Jornal dos Teatros, Casinos, Dancings*, direção de Olavo de Barros e Rubem Gil, Rio de Janeiro, 2 de maio de 1938.

"Moreira da Silva em Portugal", revista *Carioca*, nº 199, de 5 de agosto de 1939.

"Música popular", coluna de Haroldo Costa, nota com o título "Cadê a música brasileira?", *Diário de Notícias*, Rio de Janeiro, 18 de setembro de 1968, 2º caderno.

"Na França bossa nova é música norte-americana", *Diário de Notícias*, Rio de Janeiro, 11 de novembro de 1962.

"Nossa arte no exterior", correspondência de Clóvis Salgado no *Jornal do Comércio*, do Rio de Janeiro, em 4/7/1959, conforme transcrição no *Boletim da UBC*, n° 56, julho-setembro de 1959.

"Nosso amigo americano", reportagem de Luiz Weis sobre Nelson Rockefeller, revista *Realidade*, n° 37, de abril de 1969.

"Nossos artistas vão viajar", crônica de Adones de Oliveira, seção "TV-Show", *Folha de S. Paulo*, 14 de dezembro de 1968.

"O Bando da Lua convidado a visitar Londres", *Cine-Rádio-Jornal*, 2 de março de 1939.

"O Brasil vai a Cannes vender música", entrevista com a cantora Elis Regina, revista *Veja*, 15 de janeiro de 1969.

"*O Globo* nos discos populares", *O Globo*, 11 de outubro de 1962.

"O iê-iê também pode ir para o inferno", reportagem de Sérgio Augusto, Caderno B, *Jornal do Brasil*, 2 de outubro de 1966.

"O samba continua vencendo nos EE.UU.", semanário *Cine-Rádio-Jornal*, 15 de maio de 1941.

"O samba da Broadway", revista *Carioca*, n° 103, 9 de outubro de 1937.

"O samba e o baião dominam Buenos Aires", reportagem de Armando Pacheco, revista *Carioca*, 7 de agosto de 1952.

"O samba vai para a América do Norte", revista *Carioca*, n° 35, 3 de junho de 1937.

"O *swing* na Guanabara", revista *O Cruzeiro*, Rio de Janeiro, 22 de julho de 1939.

"Os americanos verão a 'bossa-nova' brasileira em suas raízes autênticas", entrevista de Antonio Carlos Jobim, de partida para o festival de bossa nova no Carnegie Hall de Nova York, *O Globo*, 12 de novembro de 1962.

"Os Oito Batutas", notícia de Clemente Neto na seção "Radiovariedades", revista *A Cigarra*, Rio de Janeiro, sobre a viagem do grupo liderado por Pixinguinha a Paris em inícios de 1922.

"Pequena história do samba-jazz (I)", artigo inicial de Robert Celerier para série na seção "Jazz", caderno Cultura-Diversão, *Correio da Manhã*, Rio de Janeiro, 25 de outubro de 1964.

"Pequena história do samba-jazz (III)", artigo de Robert Celerier com o subtítulo "Sérgio Mendes e o Bossa Rio" para a seção "Jazz", caderno Cultura-Diversão, *Correio da Manhã*, Rio de Janeiro, 15 de novembro de 1964.

"Pixinguinha e os outros Batutas", crônica de Celestino Silveira lida em seu programa *Antigamente era assim*, na Rádio Mayrink Veiga, e por ele reproduzido na íntegra no semanário *Cine-Rádio-Jornal*, n° 151, 28 de maio de 1941.

"Pixinguinha gravou a sua vida para o Museu da Imagem e do Som tomando cerveja", *Jornal do Brasil*, 7 de outubro de 1966.

"Roda viva", coluna de Nelson Motta no jornal *Última Hora*, Rio de Janeiro, 24 de dezembro de 1968.

"Samba, peru com farofa, Carmen e o Bando da Lua na World's Fair", correspondência enviada de Nova York por Osvaldo Éboli, semanário *Cine-Rádio-Jornal*, 8 de junho de 1939.

"Sente-se injustiçada e por isso desabafa: 'Vou embora do Brasil'", entrevista da cantora Cláudia, revista *Intervalo*, São Paulo, semana de 13 a 18 de janeiro de 1969.

"Sérgio 68 — O som faz sucesso", reportagem de Vera Rachel, revista *Manchete*, Rio de Janeiro, 1968.

"Sérgio Mendes e Herb Alpert, ou tudo o que balança é ouro", reportagem de Mendonça Neto, revista *Manchete*, Rio de Janeiro, 1968.

"Tom & Sinatra: disco que faltava", caderno DN Show, *Diário de Notícias*, Rio de Janeiro, 12 de março de 1967.

"Tom quer pescar e não volta nem por Sinatra", *Diário de Notícias*, Rio de Janeiro, 5 de dezembro de 1967.

"Tom tem prejuízo em programa com Sinatra", *O Globo*, Rio de Janeiro, 6 de dezembro de 1967.

"Vadico parceiro de Noel", reportagem de Humberto Sales, revista *A Cigarra*, Rio de Janeiro, outubro de 1933.

"Walt Disney filmará 'Aquarela do Brasil'", semanário *Cine-Rádio-Jornal*, 25 de agosto de 1941.

SOBRE O AUTOR

José Ramos Tinhorão nasceu em 1928 em Santos, São Paulo, mas criou-se no bairro de Botafogo, no Rio de Janeiro, onde teve suas primeiras impressões de coisas populares assistindo a rodas de pernada e sambas de improviso, na esquina da Rua São Clemente com a Praia de Botafogo, em frente ao Bar Sport Carioca.

Da primeira turma de Jornalismo do país, já colaborava no primeiro ano com a *Revista da Semana*, do Rio de Janeiro, e a *Revista Guaíra*, do Paraná, entre outros veículos, até ingressar no *Diário Carioca* em 1953, ano de sua formatura, onde permanece até 1958.

De 1958 a 1963 escreve para o *Jornal do Brasil*, começando em 1961 as famosas "Primeiras Lições de Samba". Na década de 1960, Tinhorão passa pela televisão — Excelsior (despedido em 1º de abril de 1964, quando da tomada do poder pelos militares no Brasil), TV Rio e Globo (quando a programação era local) — e pela Rádio Nacional, antes de mudar-se, em maio de 1968, para a cidade de São Paulo. Em 1966, estreia em livro com duas obras: *Música popular: um tema em debate* e *A província e o naturalismo*.

Morando em São Paulo, Tinhorão escreve para a revista *Veja* até 1973, passando então para a revista *Nova*, e em 1975, já como autônomo, envia da sucursal paulista suas duas colunas semanais para o *Jornal do Brasil*. Tais colunas, que durarão até 1981, granjearam ao pesquisador a pecha de "temido crítico musical".

Em 1980 Tinhorão vai a Portugal investigar a presença dos negros na metrópole. Desde então, seus livros passam a ser publicados também nesse país. Em 1999, prosseguindo em sua pesquisa de jornais carnavalescos no Brasil, solicita pela primeira vez em sua carreira uma bolsa: para o mestrado em História Social na Universidade de São Paulo. A tese dá origem ao livro *Imprensa carnavalesca no Brasil: um panorama da linguagem cômica*.

Grande pesquisador de sebos no Brasil e alfarrabistas em Lisboa, Porto e Braga, o autor reuniu importante coleção de discos, partituras, periódicos, livros e imagens sobre a cultura brasileira, cujo acervo passou, em 2000, ao Instituto Moreira Salles, de São Paulo. Criado em 2001, o Acervo Tinhorão se encontra atualmente disponível a pesquisadores e interessados.

OBRAS DO AUTOR

Música popular: um tema em debate. Rio de Janeiro: Saga, 1966; 2ª ed., Rio de Janeiro: JCM, 1969; 3ª ed., São Paulo: Editora 34, 1997; 1ª reimpressão, 1998; 2ª reimpr., 1999; 3ª reimpr., 2002; 4ª reimpr., 2003; 4ª ed., revista e aumentada, 2012.

A província e o naturalismo. Rio de Janeiro: Civilização Brasileira, 1966.

O samba agora vai... A farsa da música popular no exterior. Rio de Janeiro: JCM, 1969; 2ª ed., revista e aumentada, São Paulo: Editora 34, 2015.

Música popular: de índios, negros e mestiços. Petrópolis: Vozes, 1972; 2ª ed., 1975.

Música popular: teatro & cinema. Petrópolis: Vozes, 1972.

Pequena história da música popular brasileira: da modinha à canção de protesto. Petrópolis: Vozes, 1974; 2ª ed., 1975; 3ª ed., 1978; 4ª ed., São Paulo: Círculo do Livro, 1978; 5ª ed., revista e aumentada, com o título *Pequena história da música popular: da modinha ao tropicalismo*, São Paulo: Art Editora, 1986; 6ª ed., revista e aumentada, com o título *Pequena história da música popular: da modinha à lambada*, 1991; 7ª ed., revista, com o título *Pequena história da música popular segundo seus gêneros*, São Paulo: Editora 34, 2013.

Música popular: os sons que vêm da rua. São Paulo: Tinhorão, 1976; 2ª ed., revista e aumentada, com o título *Os sons que vêm da rua*, São Paulo: Editora 34, 2005.

Música popular: do gramofone ao rádio e TV. São Paulo: Ática, 1981; 2ª ed., revista, São Paulo: Editora 34, 2014.

Música popular: mulher & trabalho (plaqueta). São Paulo: Senac, 1982.

Vida, tempo e obra de Manuel de Oliveira Paiva (uma contribuição). Fortaleza: Secretaria de Cultura e Desporto, 1986.

Os negros em Portugal: uma presença silenciosa. Lisboa: Editorial Caminho, 1988; 2ª ed., 1997.

Os sons dos negros no Brasil. Cantos, danças, folguedos: origens. São Paulo: Art Editora, 1988; 2ª ed., São Paulo: Editora 34, 2008; 3ª ed., 2012.

História social da música popular brasileira. Lisboa: Editorial Caminho, 1990. São Paulo: Editora 34, 1998; 1ª reimpr., 1999; 2ª reimpr., 2002; 3ª reimpr., 2004; 4ª reimpr., 2005; 2ª ed., 2010; 1ª reimpr., 2013.

Os sons do Brasil: trajetória da música instrumental (plaqueta). São Paulo: SESC, 1991.

A música popular no romance brasileiro — Vol. I, séculos XVIII e XIX. Belo Horizonte: Oficina de Livros, 1992; 2ª ed., São Paulo: Editora 34, 2000. — *Vol. II, século XX (1ª parte)*. São Paulo: Editora 34, 2000. — *Vol. III, século XX (2ª parte)*. São Paulo: Editora 34, 2002.

Fado: dança do Brasil, cantar de Lisboa. O fim de um mito. Lisboa: Editorial Caminho, 1994.

Os romances em folhetins no Brasil (de 1830 à atualidade). São Paulo: Duas Cidades, 1994.

As origens da canção urbana. Lisboa: Editorial Caminho, 1997. São Paulo: Editora 34, 2011.

A imprensa carnavalesca no Brasil: um panorama da linguagem cômica. São Paulo: Hedra, 2000 (originalmente Dissertação de Mestrado em História Social apresentada ao Curso de Pós-Graduação da Universidade de São Paulo em 1999).

As festas no Brasil colonial. São Paulo: Editora 34, 2000; 1ª reimpr., 2000.

Cultura popular: temas e questões. São Paulo: Editora 34, 2001; 2ª ed., revista e aumentada, 2006.

Música popular: o ensaio é no jornal. Rio de Janeiro: MIS Editorial, 2001.

Domingos Caldas Barbosa: o poeta da viola, da modinha e do lundu (1740-1800). São Paulo: Editora 34, 2004. Lisboa: Editorial Caminho, 2004.

O rasga: uma dança negro-portuguesa. São Paulo: Editora 34, 2006. Lisboa: Editorial Caminho, 2007.

A música popular que surge na Era da Revolução. São Paulo: Editora 34, 2009.

Crítica cheia de graça. São Paulo: Empório do Livro, 2010.

Festa de negro em devoção de branco: do carnaval na procissão ao teatro no círio. São Paulo: Editora Unesp, 2012.

A sair:

Rei do Congo: a mentira histórica que virou folclore

Este livro foi composto em Sabon,
pela Bracher & Malta, com CTP da
New Print e impressão da Graphium
em papel Alta Alvura 75 g/m² da Cia.
Suzano de Papel e Celulose para a
Editora 34, em junho de 2015.